河出文庫

自分はバカかもしれないと思ったときに読む本

竹内薫

河出書房新社

まず、アタマの準備体操をしましょう。

自分はバカかもしれない、そう思っているみなさん。ぼくはこの本をとおして、そうした考えから脱する手助けをしたいと願っていますが、本題に入る前に、少しアタマをほぐしましょう。

かたいアタマはバカの友。アタマはやわらかくしておくに越したことはありません。

では、問題。

次の図のように、正方形の箱の中に４つの小さな正方形が入っています。実はもう１つ、小さな正方形をこの箱に収めたいのですが、いったいどうすればよいでしょうか？

少なくとも５分くらいは、次のページをめくらずに考えてくださいね。

まず、アタマの準備体操をしましょう。

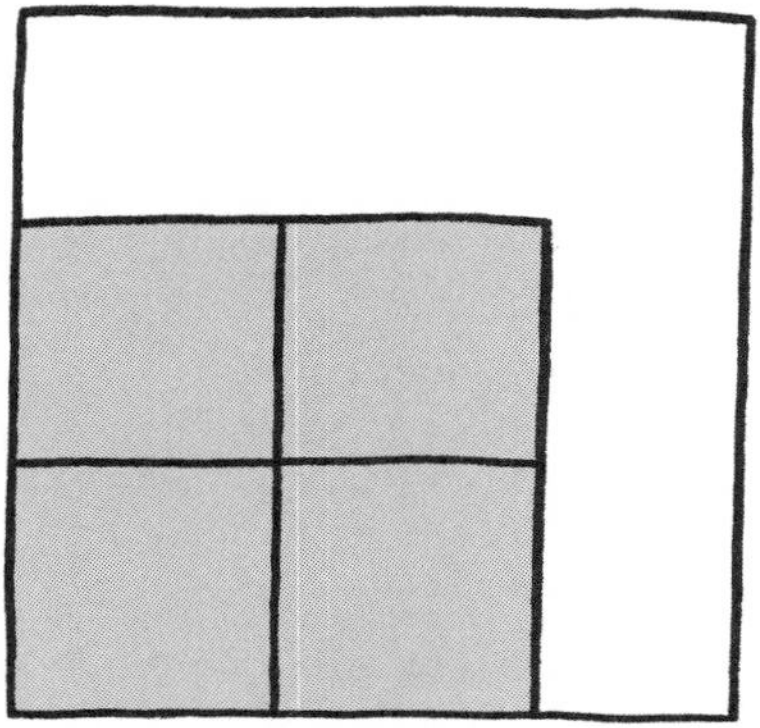

答えは8ページにあります。うまく解けましたか？

これは「パッキング」と呼ばれている問題です。旅行に行くと、服やお土産《みやげ》などの荷物をじょうずにバッグに収める人と、なぜか必ず入らないものが出てくる人がいますよね。何を隠そう、ぼく自身はパッキングが苦手なタイプで、妻の手をわずらわせてばかりなのですが……。まあ、それと同じ種類の問題だということです。旅行以外にもパッキングはいろいろなところで応用されています。たとえば、小さなスペースに部品をたくさん詰め込んで機械をつくる場合や、巨大な倉庫に効率よく荷物を配置しなくてはいけない状況、あるいはメゾネット式の個性派マンションの部屋割り設計などなど。

さて、パッキングがうまくできない人はどういう人か。

ずばり、まじめにきっちりやりすぎる人、なんです。

そういう人は、最初の図のように、端《はし》からきれいに詰めていっちゃいがちなんです。今回はその状態からの問題にさせていただきました。ちょっと意地悪だったでしょうか？

最初のように4つの正方形をきっちり入れてしまうと、当然行き詰まりますよね。できない人はこの状態から抜け出せないんです。4つを分けるということにすら、思いが及ばなくなってしまう。一度、アタマがそちらにいくと、そのまま固まってしまうんですね。固まってしまうから「固定観念」といいます。

この問題ができなかったらバカ、なんていうつもりは毛頭ありません。

でも、こういったアタマのやわらかさをもつことは、バカをこじらせないためのひとつの武器になることはまちがいありません。

アタマの準備体操の答え

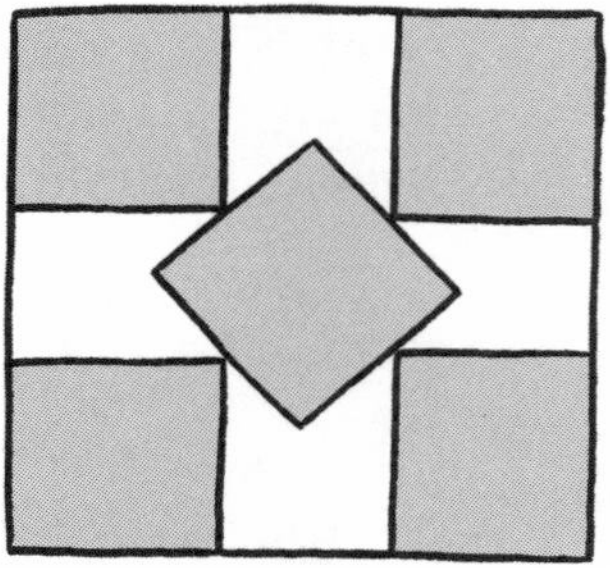

もくじ

第2章 よくよく考えるとバカにできない

第3章 かたいアタマ やわらかいアタマ 93

第4章　バカをこじらせない、たったひとつの方法　163

自分はバカかもしれないと思ったときに読む本

第1章

バカはこうして作られる

漢字が読めない子を教える

学生時代、家庭教師をやっていたときのことです。生徒の男の子はラグビーがすごく上手で、スポーツ特待生として高校に進学することが目標だったんですね。中学でけっこう活躍して注目もされていたみたいなんですが、普通入試とはちがってはいるものの、学科試験は受けなければならなかったんです。やっぱり最低限の学力はクリアしないと入れてくれないようで、とにかく今の状況だとどうもダメみたいだから成績を上げてやってくれって頼まれたんです。

それで会ってみたんですが、彼は漢字が読めないんですよ。中学2年の終わりごろだったと思うんですが、ホントに読めない。じつはぼくも、あとで書こうと思っている理由で、小学校のとき漢字が読めなかったことがあるもので、ちょっとびっくりしたんですが、彼を見ていると昔の自分の姿が重なって、これは一所懸命教えないといけないなと思ったんですね。

よくよく聞くと、どうやら数学の成績もひどい。計算問題はけっこうできるんだけど、文章題がまったくできない。漢字が読めないから文章題の意味がとれない。なので、数式までたどりつけない。ああ、すべての元凶は漢字、ひいては国語力にある！　成績が上がらない理由がわかったので、数学や英語はとりあえず棚上《たなあ》げにして、徹底的に漢字を覚えさせることにしました。

具体的にはどうしたか。

教科書とにらめっこしていても、本人はまったくモチベーションが上がらない。そこで、三島由紀夫の『午後の曳航《えいこう》』という作品を読むことにしたんです。本屋さんに連れていって本人に「どれがいい？」と訊《たず》ねたら、偶然、この本を選んだからで、べつの本でもぜんぜんかまわないんですが、とにかく漢字がたくさん載っていて、しかもあまりルビがふられていないものという条件にしました。で、これをひたすら音読させたんです。

音がわかれば、日本人だから意味はけっこうわかっちゃうんですね、じつは。逆に漢字が読めないと発音がわからないから、意味がわからないんですよ。なので、とにかく延々と音読をさせて、わからない漢字があるとその読み方を教えて書き取りをさせる。それをずっとやって、半年ぐらいでようやく読み終わりました。

そうしたら、ほんとにもう急激に国語の力がアップして、同時に数学の力もぐーんとアップしました。当然、文章題ができるようになったからです。

昔から「読書百遍意自《ひやっぺんいおの》ずから通ず」といいますが、昔の漢文の素読《そどく》と同じで、現代文であっても、とにかく音読するうちに理解力がアップしてしまうんですね。

英語は仕方がないので付け焼き刃《ば》で、とにかく単語を覚えようっていうことでひたすら覚えさせたんですよ。これはもうほんとうに仕方なくそれだけをやりました。

「うちの子はバカだから」

そうこうしているうちに何が起きたか。

全体の偏差値がドカーンと上がっちゃったんですね。

さすがに最上位の進学校は難しいんですが、その次あたりを普通に狙えるくらいに伸びたんです。おそらく偏差値で20くらいは上がったんではないでしょうか。それを見たぼくは、「ラグビーの特待生で私立に入るのはもちろんそれでいいんだけど、試しに、公立のいいところを受けてみたらどう?」っていったんですよ。

そうしたら、ふたつ、ネックがあったんです。

ひとつは、彼が先生からバカだと思われていたこと。

もうひとつは、彼が親からもバカだと思われていたこと。

学校の成績も急に伸びすぎたんで、カンニングでもしていると思われてたらしいですね。ぜんぜんそういう子じゃないし、もちろんカンニングをする必要もないし、それなりの訓練をして頑張ったから成績がアップしただけなんだけど……。

でも、先生がそういう認識だと内申書《ないしんしょ》はあんまりいいものがもらえないだろうということで、公立校は難しいなあ、と。それでも、私立の上位校で腕試ししてみるのはどうかと、ぼくも食い下がってみたのですが、それに対するご両親の答えは、

「いえ、うちの子はバカだから」

いやいや、そんなことはない、これだけの短期間でこんなに成績が上がったんだから実はすごくアタマがいいかもしれない。将来のことを考えたら、学業のほうでも自信をもって生きていける体制を作っておいてもいいんじゃないの？

ぼくはそう思ったのだけれど、親の思い込みたるや岩より固い。

まあ、わからなくもないのです。小さいころから、小学校から中2まで成績がずっと悪くて、これはスポーツでいくしかないと、何年もかけて気持ちをもっていったわけですよね、きっと。その方針を今さら変えるのは確かに容易なことではない。変えようなんて、露《つゆ》ほども意識にのぼらない。

ここには簡単には越えられない壁《かべ》がある。いってみれば、まさに「バカの壁」です（養老孟司《ようろうたけし》先生とは少々ちがった言葉の使い方かもしれませんが）。

バカは作られる

「バカの壁」に囲まれた子はどうなるか。

まわりの身近な人間が自分のことをバカだと思っている。そうすると、本人も、自分の力を完全には信じることができないんですよ。いくら家庭教師のぼくがそうじゃないといっても、模擬《もぎ》試験とかで客観的な数字が物語っていても、彼はこういうんです。

「まぐれですよ」

まぐれで偏差値が20も上がるわけはないんだけれど、本人の発想が周囲に同調してしまうんですね。

そのくらい周囲の、社会の圧力は強力です。自分自身をどういう人間だと思ってるか、すなわち自己イメージは、周囲がその人をどう捉えているかというイメージに連動します。その両方が、「バカだ」ということになっていたら、「挑戦する」というポジティブな発想にはなかなかなれないですよね。

ぼくはいまだに彼は惜《お》しいことをしたなと思っていて、その後、やはりラグビーの特待生で高校に行きましたけれど、大学に入ってからレギュラーを取れなくなったんですよね。大学ともなると、日本中から上手い選手が集まってきて、だんだんレベルが上がってくるので、レギュラーが取れるのはほんのひと握りになっちゃう。そこから零《こぼ》れてしまうと、社会人ラグビーに進むのは難しい。

こういうことは実際によくあると思うのです。そのときに、彼の場合だったら、自分は学業でもけっこういい線いける、という思いをもてているかどうかは大きな分かれ目だった気がします。人の人生なので、余計なお世話かもしれませんが。

ただ、ぼくはこの家庭教師の経験をとおして、こう実感したんです。

バカな子がいるのではない。バカは作られるのだ。

3バカの一員となる

自分はバカかもしれないと思った経験が、ぼくにもあります。

小学校3年の冬、父親がいきなりニューヨークに転勤したんですね。それで、家族全員で渡米しました。当時は、今ほど早期教育も盛んじゃありませんでしたから、ぼくは英語なんてABCも知りませんでした。

ニューヨークのケネディ空港でタラップを降りると――当時は飛行機が今みたいにロビーに直結していないのが普通だったんです――、全面凍《こお》りついたような世界なんですね。世の中にこんな寒いところがあるのかぁと、もうびっくりしちゃって。鼻血まで出てくる始末。そこからは、もう、カルチャーショックの連続でした。

着いて1週間ぐらい経って、アメリカの現地校に入学しました。最初の手続きまでは親がついてきてくれましたが、あとはそれっきり。英語ができる／できないとかそういうレベルの問題じゃなくて、まったく異なる文化と言語の世界にいきなり放り込まれちゃった。

黒板に書かれた文字をノートに写してはみるんですが、ABCも知らないわけだから、それは文字として認識できていない。まあ、絵を写してるようなものです。そのおかげで、言葉っていうのは絵ではない何かを秘めているんだ、それはいったい何だろうと、今から思えばかなり深い気づきを得たりしたのですが、そのときはそんなことを考えていても仕方がない状況です。

何もしゃべれないし、みんながいってることも何も聞きとれない。最初はもうゼスチャーだけですね。でも、学校なので、試験の時間はちゃんとやってくる(笑)。唯一、算数の計算問題だけはできます。それ以外の問題はちんぷんかんぷん。ホントになんにもできないんですよ。そうなると当然ですけど、クラスで成績はビリ。

でも、そのときは不思議と、自分がバカだとは思わなかったんですね。あまりにも環境が激変しすぎたものだから、気づかなかったという感じです。けれども半年ぐらい経つと、少し英語ができるようになってくる。相手のいっていることもなんとなくわかる、先生のいっていることもなんとなくわかる。通知表も読み取れるようになる。すると、はっきりわかってしまったわけです——ああ、おれは今、成績がビリなんだ！　これはなかなかのショックでしたね。

そんななかでも、ようやく友達ができたんですが、いちばん仲良くなったのはクラスのなかでも勉強ができない3バカトリオ。やっぱり自然と接近してグループを作るんですね、仲間だから。ひとりはプエルトリコ系で、もうひとりはヒスパニック系でした。だいたい白人の子っていうのはそれなりに成績がいい。ぼくがいた地域は黒人の子は少なかったんだけど、黒人の子も割合エリート率が高いのです。

親友だったヘンリーは、ヒスパニックなんですけど、お父さんがどうもマフィアの抗争かなんかで殺されちゃってる子なんですよ。放課後も、いつもつるんでいたんですが、彼の家にはお母さんとヘンリーと、お母さんのボ、ー、イ、フ、レ、ン、ド、が住んでいるんですよ。こんなところにも子ども心に複雑な思いを抱いていました。

しかも、ヘンリーがよく連れてってくれる場所が競馬場……。

周囲の目が変わる

さすがに成績がビリという状況だけはなんとかしたい。必死になったぼくは何から始めたか。

やっぱり自分の強いところからです。算数！

実はアメリカにはいわゆる九九というものがないので、小学校段階では九九を教わっている日本人は、算数の時間はダントツで成績トップになれるんです。もちろん、文章題はわかんないんで、計算問題に関してはということですが。

これを見て、クラスの他の子どもたちが、「あ、あいつはほんとうはバカじゃないんだ」と思い始めたんです。バカだと思ってたけどそうじゃない。自分とちがう文化圏から来たから言葉ができなかっただけなんだって、認識が変わってくるんですね。

これがすごく大切で、先ほど書いたとおり、まわりからどう思われてるかっていうのが決定的なんです。まわりからバカだと思われてると、人間っていうのはバカになっちゃう。這《は》い上《あ》がれないんですよ。抜け出せないんですよ。ホントに不思議なことなんですけど、他者からのイメージによって自己イメージがゆがめられちゃうんですよね。

まわりからバカだと思われてると、自分でも「バカなんじゃないか」という発想になっていく。そうなると、「どうせ努力してもしょうがないからやめちゃえ」ということになる。すると、余計バカになる。これが「バカをこじらせる」ということの意味です。

運動も同じです。まわりから「あいつはサッカーできるな」とか、ちょっとでも思われると、それに磨《みが》きをかけて頑張ろうとするんだけど、「あいつ、運動音《おん》痴《ち》だね」ってみんなから思われてると、だんだん運動嫌いになっていく。だから、実際に運動が苦手になっていく。

人間の生まれもった才能には当然個人差がありますが、ぼくはかれこれ50年生きてきて、その差はそんなに大きくないと感じています。

むしろ、才能よりも、努力を続けられるかどうかのほうが重要です。継続できる人のほうが結果的には伸びることが多いんですね。もちろん、すごく才能のある人にすごく努力されてしまうと、凡人《ぼんじん》は追いつけません。けれど、才能がある人って意外に努力しないいんですね、たいていのことはできちゃうから。怠《なま》けることも多いんです。

そういう意味では、ほんとうの才能とは継続する力。でも、継続するためにはある程度自分を信じる必要があるんですね。バカだと思っていると何も始まらない。

日本に戻ったぼくには武器がない

話はこれでは終わりません。

また突然、日本に帰ってくることになったんです。小学5年生でした。ちょうど、ようやく英語が使いこなせるようになってきて、成績も追いついた。そんな時期に東京に戻ってきました。

実はこのときのほうがカルチャーショックとしては大きかったんです。原因は何か。漢字です。

ニューヨークの現地校で、ぼくはともかく必死に英語を勉強していました。両親もぼくの日本語教育をどうするかっていろいろと考えないではなかったんでしょうけれど、あちらの生活に馴染《なじ》むのに精一杯で余裕がなかった。その結果、いつの間にか、3年生から5年生までの漢字がごっそり抜けちゃってたんです。

日本に帰ってきて、初めて担任の先生と会ったときに、その先生が「ちょっとこれを読んでごらん」って国語の教科書を渡すんですね。そうしたら、ひらがなは読めるんですけど、大部分の漢字が読めないんですよ。とても音読にならない。

それで先生は心配して、「1年遅らせて4年生に入ったらどうですか」っていってくれたんですが、それはどうも両親のプライドが許さなかったらしくて、断ったんです。「大丈夫、追いつきます」、と。今から思えば、そんな無理をする必要があったのかなって思わないでもないですが、日本っていう国は現役合格にこだわったりして、人より遅れることをすごく気にする文化なんですよね。

ぼくはアメリカに2年近くいて、あちらの文化にかなり考え方が馴染んでいたので、他人との比較はあんまり意味がない、自分のペースで自分なりに頑張っていけばいいという思いが実はありました。

しかし、ともかく5年生に入っちゃった。漢字については、2年間のギャップを埋めるのはほんとうにたいへんでした。半年とかでは無理で、結局丸々2年かかりました。5年生、6年生と国語の成績はひどくて1だったこともありました。なかなかできるようにならないので、「もしかして、おれはバカなのかな」と悩みましたね。成績表で1は子どもにとって大ショックですよ、やっぱり。

頼みの綱だった算数も、べつに日本では普通じゃないですか、みんな九九できるわけだから。周囲の人に「自分はバカじゃないよ」と示す武器にならないんですね。それでしばらくは3バカトリオに逆戻りしていました。

良き先生との出会い

そんなとき、たまたまですが、小学校の理科の先生で地域に科学教室というのを作った方がいたんです。この先生がぼくの置かれている状況をよく見てくれていて、「まあ、そんなバカじゃないだろう」と思ってくれたのか、この科学教室に入れてくれたのです。漢字はできないし、勉強が全体的に遅れてしまっている、どうしたものだろうということの答えだったのでしょう、特別に口をきいてくれた。

その科学教室っていうのは基本的には各クラスからふたりぐらい——特に理科や算数ができる子——が選抜されて、学校ではやらないような生物実験をやったり、天体望遠鏡で星空を見たりとか、進んだ科学学習をやってたんですよ。

これが実に大きいことでした。みんな知ってるんですよね、「科学教室に行く子っていうのは勉強ができる子だ」と。ところがそこにぼくがいきなり入ったもんだから、誰もが唖然《あぜん》としたわけです。なんで3バカトリオなのに科学教室に入ってるんだ、と。でも時間が経つうちに、周囲の目が少しずつ変わってきて、「あいつはバカなんじゃない。外国行ってたからこちらの勉強をやってなかっただけなんだ」という認識になってくるんですね。

そうなってくると学校も楽しくなるんです。自分でもおれはバカかもしれないっていう疑念を抱いていたわけですが、それが払拭《ふっしょく》されていく。客観的に見れば何も変わってないんですよ。漢字のテストは依然《いぜん》として20点とかそういうレベルでしたし。

この場合は、周囲の目を先生が変えてくれたんですね。それによって自分のなかでの自己イメージが変わってくるから、まだおれはできるぞという方向に進むんです。ほんとに救いでしたね。

ぼくはその先生には中学になってもずっと勉強を教わって、高校入試まで面倒をみてもらったんですけど、この出会いはぼくの人生にとってものすごく大きかったんです。

ぼくはとても運がよかったんですが、しかし、先生との出会いっていうのはコントロールできません。いい先生だったなってあとから思えるのはほんの数人ですよね。人格的に問題がある先生もいるし、あまり教え方がよくない先生もいる。たまたまこちらとの相性がよくない場合もある。

ただ、ぼくの場合がまさにそうだったように、先生との出会いが決定的な役割を果たすことも往々《おうおう》にしてありますから、先生と名のつく仕事をしている人はもちろん、親も、そして本人もそのことを頭に置いておいたほうがいいですね。

バカな先生ほどやっかいなものはない

そのような幸福な出会いもありましたが、ぼくがほんとうに自信を回復したのは、中学に入ってからです。

そう、もうお察しのとおり、英語の授業が出てきたので、それがいきなりすごい武器になっちゃったんです。授業はものすごく簡単だし、それこそ英語の先生よりもできちゃったから、先生がぼくを指名して教科書を朗読させるんですよ。そうなると、ここでもまわりの見る目がまったくちがってくるんですね。ここでようやく完全に立ち直りました。

これによって成績も飛躍的に伸びたんですが、いやな思いもしました。ぼくもまた、ある先生にカンニングを疑われたことがあるのです。社会科の先生だったんですけど、テストのとき、用紙を配る前におもむろにぼくのところに来て、筆箱を点検しだすんです。鉛筆を手に取っていやらしく眺めたりして……。

50歳を過ぎた今、はっきりいえますが、これは絶対にやってはいけないことです。

確かにカンニングをする子もいるとは思います。ただ、その場合にどう扱うかっていうのがすごく難しくて、みんなの前でそれを暴き出すっていうのはやめたほうがいい。特に思春期ですし。しかも疑ってるっていうことをその子にあえてわからせるというのは、教育者として最悪のやり方です。その先生の授業は非常にわかりやすくて、ぼくは尊敬心すら抱いていたのですが、それも一瞬にして消え去りました。

じつはそのテストでぼくは100点をとったのですが、成績は5をもらえず4でした。先生のほうでもおそらくカンニング疑惑を払拭できなかったんでしょうね。今でも非常にいやな思いが残っています。

その先生の何がダメだったか、いいかえれば、なぜ彼はバカだったのか。

「あいつはバカだ、カンニングでもしなければこんな点をとれるわけがない」——そんな思い込み、一種の決めつけにとらわれて、事態をべつの視点から見てみることもしなかったうえ、未来の人材を育てる職についているのだという自らの立場にも気づいていないこと、これです。

ぼくの場合は、たまたまその先生だけが抱いているイメージだったから平気でしたけど、もし何人もの先生から同じようなイメージで見られていたとしたら、たぶんぼくの中学生活っていうのは地獄だったと思うんですね。

友人たちはまだ、一緒に過ごしているうちに、その子がどんな人間なのかはわかってくることが多いんですが、先生の先入観っていうのはほんとうにやっかいです。なかなか直らないうえに、生徒に与える影響は計り知れないのですから。

ミもフタもないけれど、いい学校とそうでない学校がある

ぼくはその後受験をして高校に進んだわけですが、そこでまた世界が変わりました。

進学校ではあったんですが、非常に自由な気風でガリ勉が嫌われるんですよ。ただ勉強だけやってるっていう連中は尊敬されない。その一方で、いわゆる3バカトリオみたいな人もいないんです。もちろん成績は付くので、そのばらつきはありますよ。でも、みな何かしら、好奇心をもって取り組んでいて、それぞれの形で存在が尊重されている。

そうなってくると、もう「自分はバカかもしれない」という悩みとか疑念とかが入り込む余地があまりないですね。要するにバカを作る世界じゃないんです。なんていえばいいでしょう、人間が序列化されていない、自分という存在に順番が付けられていない、そういう感覚です。

同時に、先生のレベルがガッと上がったんですよ。これにはほんとうにびっくりしました。うちの母親も最初のクラス参観で先生と話してきて、中学とまったくちがうと、びっくりして帰ってきました。

ぼくは普通の公立中学に行ってましたから、先生はジャージとか着てるし、サンダルを履《は》いてたりする。言葉遣《づか》いもなってない先生がけっこういたんです。それが、高校の担任の先生はビシッとスーツを着てネクタイも締《し》めてるし、生徒相手にもちゃんと敬語を使っている。

先生たちの学力や身なりを問題にしているのではありません。では、何がちがうか。

それは、生徒ひとりひとりを一人前の大人として扱っていることです。だから、命令口調は一切《いっさい》ないし、ちゃんと論理立ててわかるように話をしてくれる。中学まではそうじゃなかった。基本的に子どもに対して威圧的に命令するような接し方。けっこう理《り》不《ふ》尽《じん》な指導もあった。自分の格好《かっこう》がだらしなかったりするくせに生徒の服装を注意したり、その注意もどこか的を射ていなかったりする。高校に入って、そのようなことが一切なくなったのです。

「ああ、自分はいい学校に入った」、心底、そう感じることができました。必ずしも偏差値の高い学校に行くことがいいといっているのではありません。進学実績のよしあしという意味ではなくて、集まっている先生と生徒の質が良い学校というのが確かにある。この世の中にはすごくいい集団っていうのがあるんです。

そういう集団に属すということは、人生のひとつの起点となりえます。

ぼくはいわゆるお受験に賛成であるわけではないし、勉強ばかりしていればいいとも決して思ってはいない。でも、なんにも考えずに、あまり勉強もせずにいたら、このような環境には入れない、そういう厳しい現実は否応《いやおう》なくある。

だから、バカをこじらせている場合ではないんです。進学でも仕事でも、できるだけ頑張って、少しでもいい環境に自分自身を置いてみる。それは、人生にとって、大きな糧《かて》になる。そう断言できます。


つい熱くなって体験談が長くなりました。ちょっと休憩《きゅうけい》がてら、頭の体操を挟んでみましょうか。

★チャレンジしてみよう！　――覆面算

次の問題は足し算の法則さえ知っていれば、小学生でも解けるものです。でも、甘くみていると大人でもなかなか解けません。

それぞれのアルファベットは0から9までの数字に対応しています。アルファベットがちがえばちがう数字、同じであれば同じ数字です。また、いちばん左の数字は0ではありません。

それぞれのアルファベットはどの数字に対応しているでしょうか?

```
  SEND
+ MORE
------
 MONEY
```

じっくり時間をかけてかまいませんよ。忍耐力もアタマのよさのうちです。

ヒント：繰り上がりがどうなるかに注意してください。

正解はこのとおりです。

$$\begin{array}{r} SEND \\ +MORE \\ \hline MONEY \end{array}$$

↓

$$\begin{array}{r} 9567 \\ +1085 \\ \hline 10652 \end{array}$$

これは、ヘンリー・アーネスト・デュードニーという数学者が考案した、世界的に有名な問題です。このような問題は「覆面算」と呼ばれています。数字がアルファベットの覆面をかぶっているというわけです。

小学生のころ、よく「虫食い算」というのをやりませんでしたか？　あれも似たような問題ですね。

では、とっかかりの考え方だけ解説しておきましょう。

まずなんといっても繰り上がりに気を付けることです。答えの段のMには何があてはまるか。

手はじめに、仮に4ケタの足し算の最大値を考えてみるとよいでしょう。つまり、

$$\begin{array}{r} 9999 \\ +\ 9999 \\ \hline 19998 \end{array}$$

こうしてみると、Mは最大でも1であることがわかります。いちばん左の数字は0ではありませんから、Mは1に決まりますね。

次に、S＋Mの部分を見てください。M＝1ですから、S＋1＝10＋Oということです。1を足して10以上になる1ケタの数字は9だけですね。しかし、ここでも繰り上がりに注意が必要です。Sには下から繰り上がってきた1が足される可能性があります。なので、Sには8と9の2つの可能性が残ります。ここまでを

まとめると、このようになります。

$$\begin{array}{r} 8END \\ +\ 1ORE \\ \hline 1ONEY \end{array}$$

$$\begin{array}{r} 9END \\ +\ 1ORE \\ \hline 1ONEY \end{array}$$

次に、Oはどうでしょうか？　8+1に下からの繰り上がりがあれば0、9+1に下からの繰り上がりがあれば1、9+1に下からの繰り上がりがなければ0、ですね。でも、1はもうMに取られていますから、Oは0ということに決まります。

ゆえに100の位から繰り上がりがあるとすれば、E=9, N=0の場合に限られますが、0はすでにOに取られていますから、ここでの繰り上がりはなし。すなわち、Sは9で、

$$
\begin{array}{r}
9\,\mathrm{END} \\
+\ 10\,\mathrm{RE} \\
\hline
10\,\mathrm{NEY}
\end{array}
$$

ということになります。E＝Nではありませんから（E＋0＝Eにならないということですから）、10の位からは必ず1繰り上がりがあり、1＋E＋0＝Nとなります。つまり、EはNより1小さいのです。

このようになるEとNの組み合わせは、2と3、3と4、4と5、5と6、6と7、7と8のどれかということになります。

あとは、いささか根気が要りますが、これらをしらみつぶしに当てはめて（Eが3ヶ所、Nが2ヶ所あるのがミソです）、すでに取られている数字にならざるをえない組み合わせを消去していけば、正解にたどりつくことができます。

ここでは、ケタの大きいほうから順に考えていく説明の仕方をしましたが、慣れている人はもっとスムーズで手早い方法で解くことができるかもしれません。

いかがでしたか?

このような問題に根気よく（30分くらい！）チャレンジしてみるのも、アタマをやわらかくするひとつの方法です。おもしろいと思った人は、算数や数学のパズル的な問題を集めた本はたくさん出ていますから探してみてください。

覆面算ひとつとってみてもパターンはいろいろ。たとえば、ウィキペディアで見かけた問題にこんなものがありました。

abcd + fdgh = abcde

アルファベットそれぞれに文字（日本語）が対応するというのです。わかります?　正解は、

ふくめん + さんすう = ふくめん算

なるほど。

慣れてきたら、問題作りのほうにもトライしてみると、いっそうおもしろいかもしれませんね。ぜひやってみてください。

第2章

よくよく考えるとバカにできない

$2x-x=2$ で何が悪い？

ある著名な生物学者の先生に聞いた話です。

この先生、学校で代数が出てきたときに、$2x-x=x$ という式が理解できなかったっていうんです。えっ⁉　こんなアタマのいい、エラい先生がそんな簡単なこともわからなかった？

だって、x が2個あるところから x を1個を引いたら x が1個残りますよね。いや、そうじゃないと思ったらしいんです。2 x から x を取ったら x が消えるから2が残るだろというわけです。なんだ、バカだなあ、と思いました？

実はこれ、まんざらバカにできない考え方で、特殊なコンピュータ言語の記号処理においては、2 x から x を引くと2になることがあるんです。「2」も「x」も単なる記号として扱っているから、そこには何の不思議もないのです。

だから、この先生は決してまちがってるわけじゃない。むしろ、なぜぼくたちは、$2x-x=x$ が正しいと思ってしまうのか。単純にインクの染みとして「2」

や「バツ」があったら、答えは2でいいわけなのに……。話は簡単で、ぼくたちは「この式をそういうふうに計算します」という特殊なルールを身につけているだけなんですね。

この先生、そんな素朴な疑問を抱いてそのときの先生に質問したんだけど、ひとこと「バカ」っていわれたそうです。でも、それはバカじゃなくて、すばらしい発想なんですよ。実際、学問分野によってはこういう考え方もあるわけですからね。

だから先生たるもの、そういう生徒が出現したら、頭ごなしに「バカ」というんじゃなくて、「それはいい発想だね」、「実はそういう可能性もあるんだよ」と応えてあげねばなりません。そのうえで、「でもね、ここではそういう意味ではなくて、べつの使い方をしてるんだよ。このxをただの記号ではなくて、箱だと思ってごらん」、「その箱にいろんなものが入るんだよ」、「そして、いま箱が2個ある。そこから箱を1個取り去ったら箱が1個残るよね。だから答えはxなんだよ」――というような教え方をしてほしいものです。

ただ、残念ながらそういう教え方をしてくれる先生はあんまりいないんですよね。先生のほうが、よっぽどバカをこじらせていることがよくあるのです。

ちなみにこの「箱」のたとえは、数学者で教育者でもあった遠山啓《とおやまひらく》さんの本で「関数」の説明に使われていて、なるほど、と感心した覚えがあります。また、大学院でアインシュタインの一般相対性理論を学んでいたときも、電話帳のような分厚い教科書でしたが、やはり「箱」に数字を入れると、時間と空間の曲がり具合が計算できる、という説明がされていて驚いた覚えがあります。

中学で教わる代数は、アインシュタインの理論を学ぶときにも通用するんですね。

なぜ割り算が先？

次の式はどうでしょう？　3＋4÷2＝
前から進めて、3＋4＝7、7÷2＝3.5と計算するのと、4÷2＝2を先にやって3＋2＝5とするのとでは、答えはぜんぜんちがいますね。では、なぜぼくたちは後者を正しいとするのか。

これも、「そう決めた」から、それだけのことです。この宇宙の自然法則ではないんです。

コンピュータのプログラムを書くとよくわかるんですけど、コンピュータは実はその決め事を知らない場合もあるんですよ。使う言語によって、プログラムによって、5という答えを導くコンピュータもあれば、必ずしも5としないコンピュータもある。では、ぼくたちがするように計算させるためにはどうするか。

これは面倒くさいんですけど、カッコを使うんですね。つまり、3＋(4÷2)というように先に計算する部分をカッコでいちいち指定するのです。そうすると、この順番でやればいいことをコンピュータは理解するんですね。

小学生にとっても実は同じことです。最初はカッコがある。カッコがある部分を優先させる。でも、カッコを毎度毎度書くのは面倒くさいし、少し複雑な計算になったらカッコだらけ。どこで閉じればいいかもわからなくなっちゃう。もう、いやだ。だったら、どの演算を先にやるか決めちゃいましょう。掛け算や割り算を先にやりますよ。カッコが特になければそちらを先にやりましょう。これでカッコがかなり節約できますね。

そもそもは、そういうふうに決めたわけです。

掛け算には順序がある?

一時期、インターネット上ですごく話題になった話を紹介しておきましょう。次のような算数の問題をどう解きますか?

「1ダースのリンゴの箱が3つあります。リンゴの数はぜんぶで何個でしょう」

ふつうは、12×3=36という式を立てますよね。それをある子が逆に書いたっていうんです。3×12=36と。そうしたら、バツを付けられた。どう思います?

これについて、マルでいいんじゃないかという立場と、学校で教わったとおり12×3=36でないとダメだという立場に分かれたんです。

これ、実は数学者からすると、どっちでもいいんです(笑)。

実は、数学をずっと続けて勉強していくと、$x \times y$ の答えと $y \times x$ の答えがちがってきちゃう場合が出てくるんです。たとえていうと、サイコロがそうですよね。最初に手前に倒してから右に倒した結果と、最初に右に倒してから手前に倒した結果はちがってきますよね。順序を交換することができないわけです。数学にはそのようになるものもあるのですが、通常の掛け算は、12×3と3×12とでは同じ答えになる。つまり、順序を交換できる。

だから、生徒がそうしたからといって、バツにしたりするのはナンセンスです。少なくとも、将来その子が数学者になる可能性を絶つことになる。「ああ、自分は間違った」という意識を植え付けてしまいます。ほんとうはどっちでもよいことなのに。むしろ先生がバカなのです。

実はアメリカでは、同じ問題をあっさり3×12ってやったりするんです。おそらく、英語の文章の語順って日本語のそれとは逆だったりすることがあるからだと思うんですが、とにかくこだわらないんです。

算数か国語か

掛け算の順序を確認しようと思って、むかし使っていたアメリカの教科書が手元にないので、インターネットで検索してみたら、（アメリカではなく）ニュージーランドの教科書がでてきました。

こんな問題です。4色のコインがあります。各色、コインは2つずつ。コインの合計はいくつか。計算式は「4×2＝8」となっています。日本語なら「4色×2個＝8個」なんて、順番が「逆」といわれてしまいそうです。英語では、「4 times 2 equals 8」となるのですが、日本語の掛けるにあたるtimesの使われ方が、日本語とは逆なんですね。「4 times 2」は「2が4重にある」というような意味ですが、語順としては、4が先にきて2が後にくる。英語の語順と同じように数式を書くと、4×2になります。

要するに、4×2か、それとも2×4か、という議論は、一見、数学や算数の話をしているようですが、実際には「国語」の問題だったのですね。もし、日本の一部の教師のように、順番を「逆」にしたらダメ、ということになったら、アメリカやニュージーランドの算数はまちがい、というとんでもないことになってしまいます。そんなことを主張したら国際紛争になりかねません（笑）。

英語で「文句なし」は何という？

英語の話になりますが、先日、テレビ番組に出ているときに「先生、英語で『文句なし』はなんていうんですか」と質問されて、ちょっと考え込んでしまいました。なぜなら、日本語と英語は一対一対応になっているわけではなく、言葉がつかわれる状況に応じて、いろいろな可能性があるからです。

帰国子女なのに「Great!」という平凡な（?）答えをしたせいか、みんな、失望したようでしたが、フランス語をしゃべる人が「without doubt ではないか」といったんです。確かに、字面《じづら》のうえではその方が正しいように見えるんですが、テレビでは「文句なしに100点ですね！」というような発言だったので、なんだかしっくり来ません。そうしたら、出演者の木村美紀さんが「Perfect!」がいいのではないか、と提案しました。ここにでてきた3つの案のなかでは木村さんの案がいちばん、その場の状況に合っていました。

なんで、こんな話をしているかというと、簡単なことばの翻訳でさえ、状況に応じて変わってくるから、すぐに「はい、これですよ」というわけにはいかない、ということを知ってもらいたいんです。知識がないと、即答できますが、よく知っていると、逆に答えに詰まることもあるんですね。

本当の先生はどこにいる？

こういう一種の前提条件、決まり事、文脈を「コンテクスト」といったりします。コンテクストをはっきりさせておかないと、さっきの $2x-x$ もそうですけど、意味をなさないんですよね。

もしかしたら、これが日本の教育に欠けていることかもしれません。今はこういうコンテクストで話をしています。こういう約束事で話をしましょうという前置きをまずちゃんとやっておいて、そこから入っていけば、おそらく躓《つまず》かないと思うんです。でも、これを丁寧にやらないですね、日本の学校は。だから、コンテクストを共有していないと、いきなり「バカ」っていっちゃう。これは罪深いです。

だって、先生にそういわれたら、生徒は「ほんと自分はバカなのかもしれない」と思うじゃないですか。でも、ほんとは逆なんですよ。

ちがう可能性、ちがうコンテクストに気づいてる時点で、たぶんその子はバカどころかアタマがいいんです。

いかに素朴に見えても、よくよく考えるとバカにできないことってあるから、先生なんかに頭ごなしにいわれても、もう一回自分で考えてみたり、べつの人に聞いてみる必要がある。ただし、自分が何を前提にしてものをしゃべっているか、それはコンテクストがちがえばちがった意味になる、そのことをよくわかってる人に聞かないとダメなんです。わかってない人に聞いても結局同じ答えが返ってくるだけだから。

だから、ほんとうの先生を見つけることは難しいし、もしも出会えたら人生にとって決定的な経験になるのです。

今だったら、もしかしたら学校よりも、ツイッターとかフェイスブックとかのほうが、ものをわかった人に出会いやすいかもしれませんね。だから、質問しちゃえばいいんですよ。ぼくもよく質問されますよ、物理のこととか。

いったん決めるとなぜか変えることができない

人間がこうやるって決めたことは、人間が便宜的《べんぎてき》に作ったことだから、べつに変えてもかまわないわけです。

いっぽう自然現象はある意味人間がコントロールできないものです。ビッグバンはコントロールできない。宇宙が今こういうかたちを成していて、我々が銀河系にいることもコントロールできない。こういう手に負えないことと人間がコントロールできることは、きちんと分けて考えておいたほうがいいんです。

法律もそうですよね。法律も人間が決めたことなのだから、実は変えられるはずなんだけど、それが長い間ずっと流通していると、それはもう変えてはいけないものみたいなことになるじゃないですか。特に日本はそういう傾向が強くて、たとえば、憲法がその最たるものです。

日本は第二次世界大戦後、憲法の修正を一度もやってないじゃないですか。これには政治的な理由がいろいろとあったりするんだけれど、アメリカをはじめ多くの国は頻繁《ひんぱん》に憲法の修正をやっているんですよ。同じ敗戦国のドイツすらそうです。なんで日本はいったん決めたことをなかなか変えられないのか。国民性なんですかね。なぜか変えたがらない。変えようとすると、猛烈な反対運動が起きて、やたらと大がかりな話になってしまう。

いったん始めてしまうと、方向の修正がなかなかできない。これは不自由なことです。おかしかったら、変えていけばいいのです。それがふつうのことです。いつの間にか、必要以上に不自由な考え方に陥っていないかどうか、お互い気を付けたいものです。

送りがなを統一してなんの意味がある？

ところで、かの有名な作家、森鷗外は、勝手に自分流の送りがなを使っていたそうです。だいたい、明治・大正時代の作家と現代作家とでは、かなりの送り仮名の差が見られます。たとえば、今では「珍しい」と書くのがふつうですが、森鷗外や夏目漱石は「珍らしい」と書いています。ほんのちょっとしたちがいですが、「らしい」と書かれると微妙にニュアンスが異なるような気もします。

ぼくもサイエンス作家の端《はし》くれですので、送り仮名についてはいろいろと考えるところがあります。

みなさんご存じかどうか、新聞というのは送り仮名をはじめ、文字の使い方が非常にこまかく決まっています。

たとえば、レヴィ＝ストロースというフランスの著名な文化人類学者が２００９年に亡くなったのですが（余談ですが、満１００歳でした！）、新聞によっては彼の名前が「レビストロース」と表記されていて、まるで別人のように感じたことがあります。あるいは、「3名」ではなく「3人」としたり、「エッセイ」ではなく「エッセー」としたり、ほとんど無意味と思われるほど、新聞の表記は規則ずくめなんです。

もっと卑近《ひきん》な例でいうと、「行く」ってあるじゃないですか。これを「行った」と表記した場合、「いった」と「おこなった」のふたつの読み方の可能性がありますね。この混乱を避けるために、「おこなった」の場合には「行なった」と「な」を入れて表記したいのですが、新聞では「行った」と「な」なしに直されてしまいます。

ぼくには苦い経験があって、むかし、ラジオのナビゲーターをやってたときに、放送作家の人が書いた原稿に「行った」とあって、意図と逆に読んでしまったことがあります。

普通は事前に一回ぐらい下読みというのをやるので、どう読むのかはわかるんだけど、番組の途中で急に差し入れられたもんだったから、とっさに読み間違えてしまったのです。聴いていた人は、意味がうまくとれなかったと思いますよ。

そうした場合には、書いたほうが気を利かせて、「な」を入れたほうがわかりやすいのです。しかし、なかなか浸透しません。ちゃんと読ませたいのであれば、「おこなった」と全部ひらがな表記にしたほうがまだましです。

それ以来、「な」を入れて原稿を書いているのですが、それをわざわざ直してくる編集者の方がいます。「それはね、考えたうえでちゃんとやってるわけだから、そのままでお願いします」と、わかってもらえるまでこちらも説明せねばなりません。実に面倒くさい（笑）。

たぶんそうした自分なりのルールが増えていったのが森鷗外をはじめとする明治・大正時代の小説家の文章なんですよね。ある種、作家の「癖《くせ》」として定着したんでしょうね。

新聞社のようになんでもかんでも統一をする必要はない。新聞の文章にはむしろ違和感を覚えることがあるんですよ。みんな同じ形式で書いてくるから、逆に個性が失われるという感じがするんです。

ちょっと難しい漢字を使わないのもおかしいですよね。たとえば、黒澤明監督の「澤」が使えず、「沢」になってしまうことが多いですし、黒澤監督くらい有名な場合にだけ「澤」を使う新聞もある。その基準があまりにも行き当たりばったりなので、なんだこりゃ、と思ったこともあります。

多様性を失うと、集団はバカになる

なんでこんなことを書くのか。

基本的に、多様性が失われるとバカになるからです。個々人がバラついて見えるので、統一したがるのですが、実は多様性が確保されているほうがバカじゃない。

みんなが同じ行動をしてしまう。これは、ほんとうによくないことで、生物の世界でも多様性が失われるとその種は絶滅への道を進むわけです。同じような遺伝子ばかりもったグループだけになっちゃうと、特殊なウイルスに感染したときに全滅しちゃうんですよ。ところが、さまざまな遺伝子のパターンをもった生物であれば、その一部が滅んでも必ず生き残りは出る。

文化もそうです。文化の多様性が失われて考え方が統一され始めると、だんだん社会がバカな方向に進んでいくんですよ。たとえば共産主義がダメになってしまった理由はいくつかあると思うんですが、理由のひとつは意見の多様性を許さなかったからでしょうね。

自分が思ってることと逆のことをいうやつがいると、誰でも腹が立ちますね。でも、その意見をよく聞いて理解すると、そっちのほうがいいという場合もあるじゃないですか。最初から多様な意見が出てこない雰囲気《ふんいき》だと、道を誤ったときにみんなで一斉《いっせい》に崖《がけ》から落っこっちゃうことになりかねない。

太平洋戦争に突入したときの日本の状態って、たぶんそうだったんでしょうね。本来は多様性があって、いろんな考え方をする人がいたんだけど、徐々にそういう人を捕まえて異論を封殺するようになり、だんだん言論の自由がなくなっていった。新聞をはじめとするメディアも大本営発表しか伝えなくなった。気がついたら、「鬼畜米英」一色になった。

戦争というのは必ずしも負けた国だけが悪いとはぼくは思っていませんけど、

それでも大勢の命が失われたことは事実だし、「一億総○○」っていう言葉にあらわれているような、多様性の喪失がひとつの原因としてあったわけです。

学校でよく、何かでみんなの意見が割れて収拾がつかないときに、「多数決で決めよう」という話になりませんか？　そうしたときには、「そうだそうだ」と乗ってしまうのではなくて、「このままでは危険かも」と感じる感性を大切にしてほしいものです。

そこに至るまで、感情ではなく、理詰めで議論しただろうか。充分な情報は与えられていただろうか。数の大小で決めた場合、弱くて少ないかもしれないけれど重要な意見を見落とすことにならないだろうか。常にそうした視点をもつ必要があります。

大事なことは国民投票で決めたらいい。うん？　ちょっと待てよ、ほんとうにそうか？　もしかしたら国を滅ぼすことになるかもしれません。多様性を失うと、クラスでも国でも、いかなる集団もバカになる。このことは肝《きも》に銘《めい》じておいたほうがいいのです。

本に書いてあることが正しいとは限らない

本に書いてあったから正しい、そう思い込むこともバカへの第一歩です。ある時期までは、活字になったものというのは、かなり権威があったので、そう思うのも無理はありません。いろんな人が手書きで書いていたもののうち、どれが保存するに足るものなのか、わざわざ活字に組んで印刷する労力をかけても残すべきものなのか、そうした吟味《ぎんみ》を突破して本になり、長い時の試練を経て古典となったものは確かに信頼に値するものだったでしょう。

しかし現在は、それがそのまま通用するわけではありません。いい加減な知識をもとに書き散らしたブログだっていまや簡単に本にできますし、出版点数がものすごく多いですから、クオリティが玉石混淆《ぎょくせきこんこう》です。だから、活字になっているから信じるっていうのは、おバカな行為なんです。

教科書も同様です。教科書に書かれていることは、時代とともに変わっていきますし、同じ出来事でもどこの国であるかによって書かれていることが違います。

科学的な事象だって例外ではありません。

どんなに客観的に見える文章だって、誰かが書いたものである以上、書いたときの文化的、歴史的制約を受けています。

教科書に書いてあること、先生がいっていること、この本に書いてあることだって、絶対に正しいなんていうことはできません。

なんでもかんでも疑えとはいいませんが、書いてあることを鵜呑《うの》みにする態度をとった瞬間、アタマのやわらかさも失ってしまうかもしれないことを知るべきです。

字が汚いと損をします

字が汚いとバカにされることがあります。ただ、社会的に活躍している人は意外と字が汚かったりするんですよ。ぼくも相当字が汚いほうでよく読めないといわれるんですけど、なんとかこうして仕事をやっています。

アタマのよさと字のきれいさは必ずしもリンクしない。けれども、字が汚いと損をすることがあるから注意が必要です。

中学の同級生ですごいアタマのいいやつがいて、難関校を3つくらい受験したんだけれども全部落っこっちゃったんですよ。模擬試験の成績からすると、3つとも落ちるというのはちょっと考えられなかったんです。しかもね、補欠にも入ってない。

これは今のぼくの分析ですけど、彼、字がすっごく汚かったんですね。尋常じゃなかったんです。それで、おそらく、答案をまともに見てもらえなかったんじゃないかと、そう思うのです。

成績をつける側に回って初めてわかることなんですけど、学校の先生っていうのはものすごい数の答案用紙を読んで成績をつけなくちゃいけないんですね。特に国語とか英語の英文和訳とかはね、途中でいやになってくることもあるんですよ、人間ですから。

それで、どうやら、受験の場合、汚い答案に関してはもう最初から見ないこともあるらしい。だとすれば、たぶん、ぼくの友人はそれをやられたんじゃないかなと思う。それ以外、あれだけ成績がよかった彼が落っこっちゃった理由っていうのがぼくには考えつかないんですね。

現在は特に、文章を書くにもコンピュータを使うし、携帯やスマホで文字を打ちますから、手書きできれいに書く機会がほとんどないですよね。ペン習字を習って達筆になれとはいいませんが、せめて読みやすい字を書いておかないと、人生が狂うこともありえますよ。

知能指数って何？

アタマのよしあしということで思い出されるのは知能指数ですね。ぼくが子どものころなんかよくやらされました、知能検査。その結果によって、先生がこいつはアタマがいい、こいつはバカだって思い込むんですよ、まずいことに。

知能指数っていうのは、いってみれば身長みたいなもんなんですね。人を身長だけでは判断できないじゃないですか。たとえば、190センチだからプロバスケットボーラーとかってわけにはいかないんで、すごく身長が低い人でもバスケで活躍する人はいる。チームのなかでそれぞれに役割があるわけだから。

知能指数が一時期すごくもてはやされたのに今はすたれてしまっている理由は、要するに、ひとつの尺度でしかないからです。人を身長だけで判断できないのと同じように、人間の知性は知能指数だけでは測れない。

それに、知能指数というのは変化します。同じ人の知能指数も年齢によって変わってくるんですね。この人は知能指数が150だっていっても、生涯ずっと150というわけじゃなくて、1年ごとに知能検査を受けていけば、数値は変動します。疲《つか》れてるときには落ちますし。

また、世代によっても変わるんですよ。「フリン効果」って呼ぶんですけどね、世代が新しくなると（より若い人が受けると）、知能指数ってアップしちゃうんですよ。

ある知能検査を使い続けます。これは軍隊で最初に気づかれたんですけど、新兵の全員に知能検査をやります。その平均点が出るじゃないですか。その平均点が毎年上がってっちゃうんですよ。

それでは困るので途中で補整をかけて平均が100になるように変えたんですけど、このことはいったい何を意味しているのか。

ひとつの解釈は、人類の知恵が時代を追うごとに上がっていってると考える。もしこの仮説が正しいとすると、ぼくたちの世代より下の世代の人たちの平均のほうが上である、つまり、彼らのほうがアタマがいいってことになります。

もうひとつの解釈は、こうです。社会のなかでの情報量や刺激ってものが増えてきていますね。小さいころからものすごい情報量とか刺激にさらされているので、古い知能検査をやると彼らはできてしまうのかもしれない。つまり、情報処理能力が自然と上がっているのかもしれないわけです。

もしかしたらそうかもしれません。というのは、たとえばいま2歳半のうちの娘を見ていると、もうiPadを使っているわけですよ。ぼくらが彼女くらいの年のころっていうのは、そんなものないわけじゃないですか。リモコンもなかったですね。テレビというものはチャンネルをガチャガチャガチャガチャ回すものだったわけです。チャンネルの選択肢だって数えるほどしかない。それがいまや、ケーブルテレビもありますから、１００チャンネルくらい選択肢があるわけですね。情報量が圧倒的にちがうんですよ。それが子どもの脳なり身体なりの発達になんらかの影響を与えている可能性は否定できません。

ぼくは50歳を過ぎてゲームを始めたんですけど、やってみてわかることはですね、若い世代のゲームの能力ってものすごいんですよ。ぼくからしてみれば難しくて仕方ないゲームなのに、３、４日でクリアしてるんです。集中的にバーッとやってクリアしちゃう。同じゲームをぼくがやると、１ヶ月はかかるのに。

この能力って実は知能指数と同じようなものですね、情報処理という意味では。ゲームということになってるけど、もしかしたら現代版知能検査といい換えてもいいかもしれません。50代のぼくはゲームの知能指数は非常に低い。10代の子はものすごく高い。世代によって時代によって左右されてしまうんです。

でも、ゲームの能力の高さがそのままアタマのよさということになるかといえば、疑問ですよね。確かに情報処理は速いんだけど、たとえば全体像が見えてなかったりってことがあるわけです。さまざまな経験を積んできた大人のほうが人生の節目で妥当な判断ができることだってあるわけです。

だから、要するに、アタマのよしあしにはいろんな指標がありうるので、ひとつの指標だけを見ていてもナンセンス。そのほうがよっぽどバカなんです。

バカと決めつけるのは意味がない

フリン効果について、フリン自身は、むかしと比べて「抽象能力」が伸びたのが原因だと分析しています。現代っ子のほうが、論理学や統計学のような科学的手法をよく教わっているから、むかしの知能検査を易々《やすやす》と解いてしまうというんです。

科学技術の進歩は教育にも影響を与えました。最新科学をもとにした教育では、むかしは難しかった問題も簡単に解けてしまう。要するに、学校で「思考のためのツール」を教わっているかどうかなんです。

ハワード・ガードナーという学者が、知能は一種類ではなく、音楽知能、言語知能、身体知能など、複数あるのだ、といっています。学校で課される知能検査は、人間の幅広い知能のうち、ほんの一部分だけを抽出しているのかもしれません。

複数どころか、そもそも知能指数という考えを否定しているのが古生物学者のスティーヴン・ジェイ・グールドです。彼は『人間の測りまちがい』という本で、脳の大きさも知能指数も、真の意味での知能の尺度とはなりえない、と主張しました。逆にいえば、学校の知能検査の成績が悪くても、バカと決めつけるのは意味がない、ということです。

知能検査も、ある時代の誰かが決めた方法にすぎないのであり、確かにアタマがいいかどうかのひとつの尺度ではありますが、コンテクストを無視して数字ばかりを気にしても意味はありません。

あえてバカになった偉人たち

いい方を換えると、バカにもいろいろあります。人によってバカの定義もちがいます。だから、場合によっては、バカにならざるをえないこともあるでしょう。

アインシュタインと発明王エジソンのこんな逸話《いつわ》があります。

エジソンが、「基本的な物理定数はそらんじていなくてはいけない」と主張したのに対して、アインシュタインは、「そんなものは理科年表を見ればいい」と反論したんです。

エジソンは、重要な数値を覚えられないなんてバカだ、といった。でも、アインシュタインは、発想やアイディアが大切なのであり、暗記は最低限でいい、と考えていた。つまり、アイディアがないことがバカなのだといった。

もちろん、エジソンもアインシュタインも、それぞれの分野の偉人です。でも、エジソンは現場で発明をして、工場を運営しないといけない立場の人でした。それに対して、アインシュタインは学問の世界の人で、主に理論的な論文を書く人でした。ですから、何がバカで何がアタマがいいか、という基準が食いちがってくるんですね。

このエピソードは、偉い人でもバカに対する考え方が異なることを示しています。

アインシュタインもエジソンも、相手の基準からするとバカになってしまいますが、自分の意見を変えたりはしませんでした。

周囲からバカといわれても、場合によっては、ゴーイングマイウェイ（わが道を行く）も大事、ということなんです。

あるいは、無限について深く考え、現代数学の基礎を築いたゲオルク・カントールも、同じ時代の大数学者であったクロネッカーやポアンカレから「バカ」の烙印《らくいん》を押されてしまいましたが、自分を信じて研究を続け、今では現代数学の祖とまでいわれています。

ごく限られた状況ではありますが、あえてバカになる、という覚悟が必要なときもあるのです。

ただし、ここであげた例は、何かを一筋に頑張っている偉人たちの例なので、誰もが真似《まね》してうまくいくわけじゃありません。それでも、みなさんが何かに挑戦して頑張っているときに、「そんなバカなこと、うまくいかないからやめておけ」という人が出てくるかもしれません。そんなとき、人生に一度くらい、あえてバカになって、目標に向かって突き進むことがあってもいいと思うんです。

天才のバカ話

ところで、天才とバカは紙一重といいますが、天才もあまり度が過ぎると社会生活に支障を来すことがあるようです。

ある数学者は、奥さんと一緒にスーパーマーケットに買い物に出かけ、買い物袋を抱えて駐車場まで戻ってきたとき、突然、数学の問題を解くアイディアが閃《ひらめ》いて、その場で「フリーズ」してしまったそうです。

周囲から見ていると、おじさんが買い物袋を抱えたまま、ブツブツ呟《つぶや》きながら、空を見上げていたら、「ちょっとおかしい」ということになりかねません。でも、奥さんはもう慣れっこなので、そのままにしておいたとか。なにしろ、声をかけたら、せっかくの素晴らしいアイディアがどこかに行ってしまうかもしれませんからね。

これはぼく自身の経験ですが、ノーベル物理学賞を受賞した益川敏英さんに

『中央公論』という雑誌のインタビューに行ったときのこと。前日、秘書の方にアポイントメントの確認をして、京都に前日入りして、朝一番で先生の研究室に伺《うかが》ったのです。ところが、待てど暮らせど先生がいらっしゃらない！

秘書の方に調べてもらったら、どうやら先生は、朝の散歩の最中、物理学の問題に夢中になって、インタビューのことなど忘れてしまったらしいのです。

これには参りましたが、スーパーマーケットでフリーズしてしまった数学者のエピソードを知っていましたので、「ああ、益川先生も夢中になってしまったんだな」と理解できました。

ただし、歩きながら研究に夢中になると、命を失うこともあります。マリー・キュリーの夫のピエール・キュリーは、よく歩きながら研究課題について考えていたらしいのですが、荷馬車に轢《ひ》かれて亡くなっています。天才の夢想癖《むそうへき》も、ここまでくると、ちょっと笑えない話ですよね。

夢想癖ではありませんが、アインシュタインにはこんな有名な逸話があります。彼がまだ若かりし頃、実験が嫌いだったらしいんですよ。それで先生との相性があまりよくなかったうえ、しきりにその先生のことを「さん」付けで呼んでいた。「プロフェッサー」じゃなくて「ミスター」と呼んでいたのです。バカにしてたんですね、その先生のことを。そのことは先生もあまりよく思ってなかったらしい。大学卒業のとき、同級生はみな先生の助手として採用されたのにアインシュタインだけ雇ってもらえなかったんですよ。つけが回って来ちゃったわけです。アインシュタインはひとりだけ大学に残ることができずに、特許庁に入ったんです。まあ、そこで彼の世紀の発見がなされるわけですが、凡人はあまり人のことをバカにしないほうがいいですね。ただ、天才はどうしても直截《ちょくせつ》なところがあるから、態度に出ちゃうのかもしれないですね。

これもぼくの体験談ですが、iPS細胞の山中伸弥教授に『中央公論』と『サイエンスZERO』(NHK Eテレ)のインタビューでお会いしたときの印象です。これまで数多くのノーベル賞受賞者とシンポジウムなどでご一緒したことがありますが、山中教授は、社会的に「バカ」な部分がまったくなくて驚かされました。完璧な紳士で、患者さんのことを心から心配し、再生医療の実用化という使命に燃えていることがよくわかりました。
天才的な業績をあげているからバカ話があるとは限らないようです。

★チャレンジしてみよう！　——重力列車

さっそくですが、問題です。

地面に井戸を掘っているとしましょう。どんどん深くしていったら、地球の向こう側に突き抜けてしまいました。その穴に飛び込んだら、いったいどうなるでしょうか?

(もちろん実際にはマグマとかがあって無理なのですが、それは無視してください。空気抵抗も無視します。)

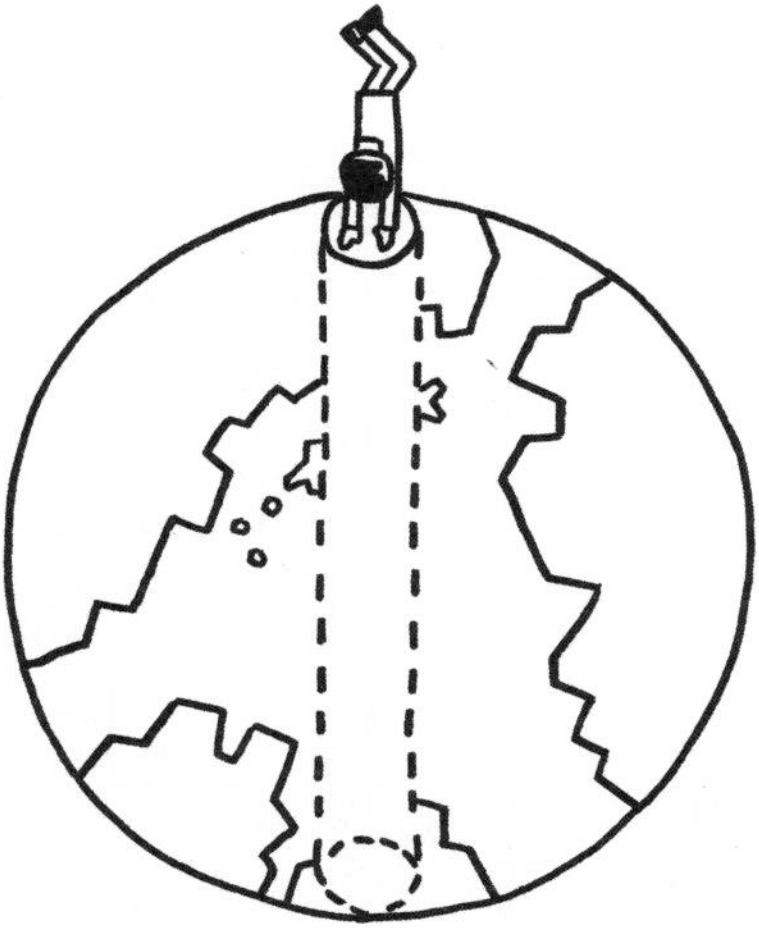

これは「重力列車」と呼ばれている問題です。

物理学の教科書に出ているものなんですが、SFめいた設定ですね。まあ、これが実際にできたと仮定したらどうなるかという思考実験です。

ある程度の深さの、普通の井戸を想像してください。飛び込むとどうなりますか？　落ちますね。どんどん深くしていくと、落ちる速度はどうなるでしょう？ また、その穴が地球の反対側に突き抜けているとしたら、どうでしょう？

これ、考えてみると意外と難しいんですよ。できるだけわかりやすく説明してみましょう。

かのニュートンは、『プリンキピア』という重力を考察した本のなかで2つのことを証明しています。

ひとつめ。天体の場合、その重さが中心の一点に集中すると考えてよい。実際に天体力学を計算している人は、太陽も地球も点として捉えています。つまり、大きさがないと考えても、ちゃんと正確な計算ができるんですね。

ふたつめ。地球が「たまねぎ」のように無数の層になっているとしましょう。

地球の地下にいる人は、自分より内側の層からの重力だけを受けます。おもしろいことに、自分より外側の層からの重力は完全に相殺《そうさい》されてゼロになるんです。

ここまでを踏まえて、では、完全に底が抜けて、地球の裏側まで到達した井戸に飛び込むとどうなるか？

落っこちる速度は、中心に向かうにしたがい、どんどんどんどん加速します。まさに地球の中心から引っ張られているような感じです。しかし、そのうち中心に到達しますね。その瞬間、重力はゼロになります。この時点が最高速度です。

中心を通過したあとは、徐々に減速して、裏側にたどりついたときにはちょうど速度ゼロになります。で、また中心に向かってものすごい勢いで落下していくのです。

あたかも地球の中心から穴に沿って透明な見えないバネがあると考えてくれてもいいです。バネに引っ張られてずーっと中心に向かっていって、バネの長さがゼロになるときはスピードは最高なんだけど、もうなんの力も働かない。中心を通過して逆方向に行ったら、だんだんだんだんだんバネが伸びていくんでそれによっ

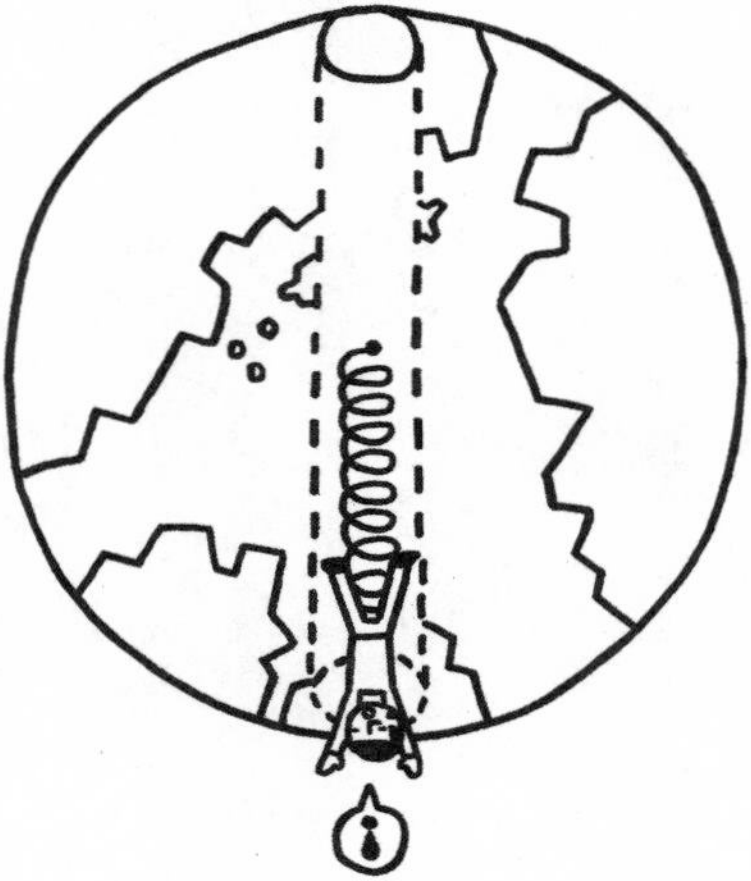

て引っ張られますから減速していって、最後突き抜けたときにはスピードがゼロになるんですよ。ちなみに、中心を通る最高速度は毎秒７９００メートルだそうです。人工衛星のスピードとほとんど同じです

では、反対側に到達するのにどれくらいの時間がかかるのか？

計算した人がいるんですねえ、これを。正解は、42・24分です。意外に早いと思いません？　しかも、中心を通っても通らなくても、まっすぐな穴で結んだ2つの地点には同じ42・24分で到達できるといいます。

たとえば東京からニューヨークまで穴を掘るとします、直線で（図A）。それもまったく同じ時間なんですよ、地球上のどこからどこまででも。かなり斜《なな》めになったとしても、飛び込めば当然重力があるわけですよ。で、やっぱり途中で重力がゼロになって、減速していき向こうにたどりつく。

スピードはもちろんちがってきます。いちばん速くなるのは、ど真ん中を通る南極から北極みたいな場合ですけど、斜めに掘った場合でも、スピードは遅くなるんですけど、到達時間は同じなんですよ。

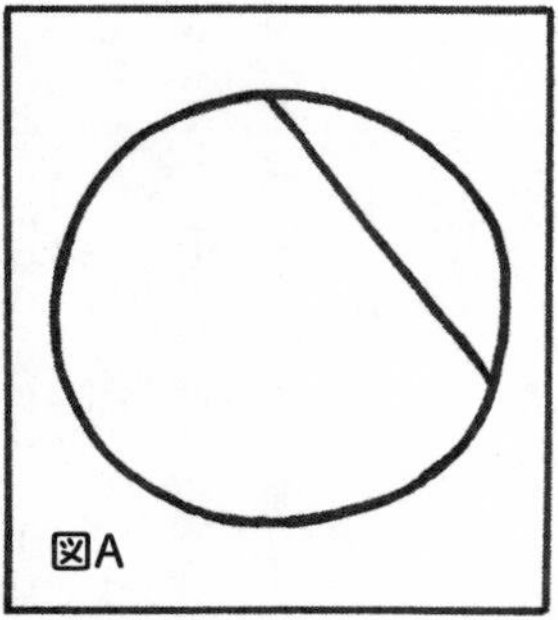
図A

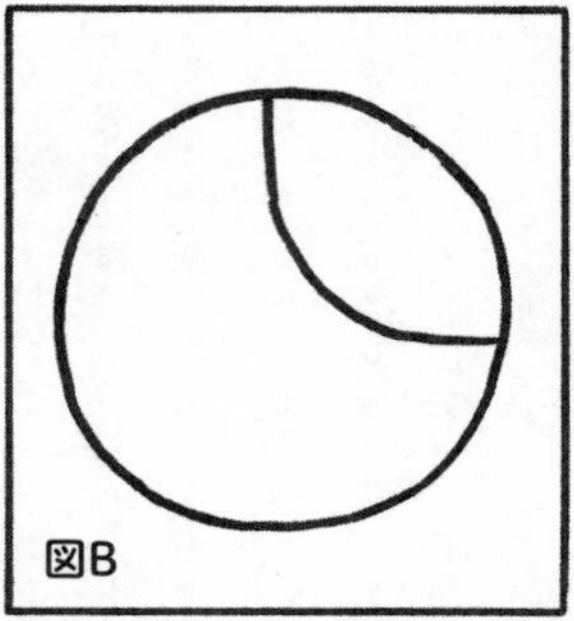
図B

こんな計算をする人は暇《ひま》だなあと思いますよね。そう思いますけど、すごい発想ではあります。これが思考実験の醍醐味《だいごみ》です。

しかも、物理学の人はここでは終わりません。さらに推し進めてですね、図Bのようなかたちのトンネルも掘ったりとか。ちょっとカーブしてるんですけど、カーブさせると、なんと時間が短縮できるんですよ。

紐《ひも》をゆるめて垂らすとこういう格好になるじゃないですか。あのかたちです。このようにある意味、重力に自然に添うようなかたちのトンネルを作ってやると、効率がいいんで速くなるんです。

しまいには図C、そして図Dみたいになっち

図C

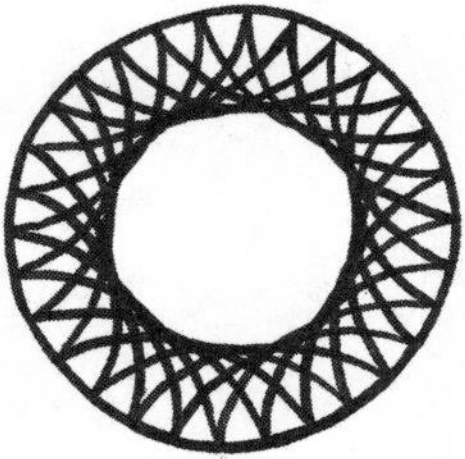
図D

ゃうんですけど、おもしろいですよね。
地球上にもしこんな列車網があったら便利ですよね。A地点からB地点まで、どんなところであってもとにかく42分以内。何回か乗り継いでもいいじゃないですか。まあ、トンネル掘るのにいったいいくら手《て》間《ま》暇《ひま》かかるんだって話ですけど。
以上は、実際にはかなり難しい計算が関わりますので、こんなことを考えている人が世の中にはいるんだ、ということだけ覚えておいてくれれば結構です。
ちなみにこの話、『不思議の国のアリス』の作者として知られるルイス・キャロルも、大いにハマったそうですよ。

（参考：Amanda Maxham, "Brachistochrone inside the Earth: The Gravity Train", 2008.）

第3章

かたいアタマ　やわらかいアタマ

困った大学教授

勉強の成績の話をかなり書きましたけれども、社会に出てしまったら、必ずしも勉強の成績が関係あるわけではないですね。勉強の成績はすごくよかったんだけど、社会であまり活躍できない人ってやっぱりいるんですよ。

とりわけ学校的な空間のなかにいる教師や大学教授には、一般社会人の感覚からすると、ある意味でバカな人が多いんです。

ぼくなんかサイエンス作家という仕事をやっているじゃないですか。そうすると、いろんな科学者とか大学教授とのつきあいがあるんですけれども、けっこう呆《あき》れることって多いんです。

たとえば、ぼくは書評の仕事もしていますが、それがメインの仕事ではありませんし。当たり前ですが、このご時世、書評だけで食べていけるなんてありえませんし。でも、ひとたび「サイエンス作家＝書評」という先入観が植えつけられると、彼にとってはぼくは書評の人なんですね。それでとにかくたくさん著書を送ってくれるんだけど、毎回その先生の本をとりあげるわけにもいかないし、でもあちらはぼくがとりあげて当然だと思っているふしがあるんですね。そのくせ、ぼくが著書を献本しても一切とりあげてくれないんです。その先生も書評欄をもっているにもかかわらず。他人には要求するけど、自分は何もしない。つまり、ギブアンドテイクではなく、テイクアンドテイクでいいと思ってるんですね(笑)。

常識がどこかズレているということです。

よく編集者の方とも話をするんだけれども、大学教授の方の書いた本を出すときには困ることがよくあるそうです。難しすぎるからちょっと書き直してもらいたいと思っても、相手が応じてくれないっていうわけですよ。

理由は簡単で、大学教授や科学者って論文を書きますよね。これには慣れていますよね。でも、論文を書くのと同じ調子で一般向けの本も書いちゃうんですよ。そこの区別がつけられないのです。

編集者はその原稿を読んで、これは論文調だから一般読者は読まない、専門用語がたくさん出てきて難しいから商業出版としては成り立たない、そういう常識的な判断をする。要するに社会とのリンクがあるわけですよね。お客さんの目線でものを考える。それが商品を作ってお客さんからお金をもらう、ということです。

でも、大学の先生はそれを聞くと、なんか自分自身がけなされたみたいに感じて怒りだすらしいんですよ。その対応がすごく面倒くさいそうです。

フィードバックがないと、人はバカになる

ぼくはそういう話を聞くといつもこう思うんです。

ああ、やっぱり、人間っていうのは「フィードバック」がないとバカになっちゃうんだなあ……。

大学教授とか科学者って、「地アタマ」はいいんですよ。ただ、そのアタマの

よさは限られたフィールドでのアタマのよさだから、学校の成績とリンクしていたり、論文の数みたいなものとリンクしている。その基準でいくと、めちゃくちゃアタマがいい。

ところが、一般社会ではお金を稼《かせ》がないと生きてはいけない。だから、たとえば商売をしましょうということになる。本を書いて広く読んでもらって10万部売って、みんなで喜びましょうと。そういう世界はまったく想像がつかないわけですね。

実社会からのフィードバックがないもんだから、ちがう場面ではちがう行動が必要なんだとか、ちがう領域ではちがう基準があるんだということに気づかないんですよ。

学校というのはやっぱり特殊な世界で、自分は先生、目の前にいるのは生徒、そういうふうに関係が固定化してしまう。常に上から目線で行動している。そのため、自然と想像力の働く幅がせまくなっていくのです。

最近ではようやく学生が先生を評価するという仕組みが入ってきたんで、だんだんと先生にもフィードバックがいくようになりつつありますが、これまではほとんどそういうフィードバックの機会がないから、授業がいかにつまんなくてもわかりにくくても誰も文句がいえなかったんですよ。

フィードバックがなかったら、先生は授業を改善しません。そもそもまず気づきません、自分の授業が悪いということに。

つきつめると、この社会のなかでバカかそうでないかを分けるのは、どれだけフィードバックを受けられるかってことなんですね。フィードバックを受けることによって自己修正がどれぐらいできるか、行動をどれぐらい変えられるかということで、たぶんバカかそうでないかが決まるんですよ。

自己修正のサイクルを止めてしまったときに、バカが始まるといってもいい。

優秀な先生は、意識的にか無意識的にかそれをわかっていて、昔だってみずから授業のあとにアンケートを配っている人もいました。ぼくも大学講師だったときにやってみたことがあります。

もちろんなかには、辛辣《しんらつ》な意見がある。けれどもそれに厭《いと》わず向かい合うようにするのです。まったく参考にならない意見やおべっかもありますが、けっこう親身《しんみ》で建設的な意見も聞けるんです。そうするとどうしたってフィードバックがかかるから、次の年の授業がレベルアップするんですよ。バカな教え方からより賢い教え方に変わっていくわけです。このフィードバックの力は侮《あなど》れません。

中年になってもフィードバック

若いころは、まわりに自分より年上の人が多いし、学校というのは、そもそもフィードバックをかけるシステムなので、自己中心的だったり成長しない人は淘《と》汰《た》されてしまいます。

問題は、周囲から「もっとフィードバックを参考によくなって」という圧力がかからなくなったときなんです。部活でも最上級生になって、突然、練習をまじめにしなくなる人っていませんか？　そういう人は、まわりから「改善しろ」といわれて、嫌々、改善したふりをしているだけ。もともと、自分の中に「よくなりたい」という欲求をもっていません。

実は、社会に出てからが勝負なんです。大人になると、フィードバックがかからない人に誰も注意をしてくれなくなります。でも、会社で使い物にならないと、いつのまにか重要な仕事はまかせてもらえなくなって、最悪、リストラの対象になってしまいます。

ボクは45歳のときにテレビの仕事を始めたんですが、それまでとのあまりの環境の変化に、めまいがしました。すでにサイエンス作家として、がっちりとした地盤を築いていましたが、テレビ、それも生放送となると、まったく勝手がちがう。

物書き稼業はスポーツでいうならマラソンに相当します。じっくり長距離を走って、10万語くらい書いて初めて本になる。だから、一日だけ焦《あせ》ってたくさん書いたら、スタミナ切れになってまずいんです。

テレビはちがいます。テレビは１００メートル走の世界なんですね。その瞬間に視聴者もディレクターも「うんうん」と頷《うなず》いてくれるようなコメントを発しないといけない。ゆっくりしていたらすぐに置いていかれます。

でも、アタマではわかっていても、人間の脳はすぐには変わらない。だから、マラソンから100メートル走の世界に切り替えるのに、3年ほど時間がかかりました。当初は失敗の連続で、思わず「おれってこんなにバカだったかなぁ」と自己嫌悪に陥ったこともあります。

でも、何度も放送事故すれすれの失敗（笑）をしてフィードバックがかかったおかげで、科学番組を中心に視聴者からも評価してもらえるようになりました。会社の売り上げと同じで、社会はすべて数字で評価されるんです。

ぼくのよき友人の茂木健一郎くんや鈴木光司さんも中年になってからテレビに出始めましたが、めきめきとフィードバックがかかって、テレビだけでなく各地の講演会でも大活躍しています。ひとつのことでフィードバックをかけて改善できると、思わぬところに波及《はきゅう》して、社会からいろいろな面で評価されるようになるんですね。

「〜らしいですよ」問題

話は少し変わりますが、社会に出てからのバカかバカじゃないかっていう基準として、情報量があります。

これは、最近とみに感じますね。この社会にはいろんな問題が次々と出てくるわけじゃないですか。経済の問題とか、原発の問題とか、領土の問題とか。それらについていろんな人がいろんな意見をいって論じてるんだけれども、まず正確な情報に基づいて論じていない人がほんとうに多いんですよね。今はツイッターがあるので、余計にそれが目に付くわけです。

そういう議論（もどき）には、ひとつの特徴があります。

たいてい、「〜らしいですよ」っていうんです。

この「らしい」が曲者《くせもの》。（自分がいっているのではなくて）誰かがそういってたのを聞いたというわけです。つまり、伝聞情報です。伝聞情報っていうのは楽ですよ。自分には責任がない（と思うことができる）のですから。

まともに考えれば、伝聞情報は「裏をとる」という作業をしなければ本当かどうかわからないんです。だから、「〜らしいですよ」っていう話をもとに判断するのはバカなんですよ。「らしい」を「らしい」のまま垂れ流す人も同様に、バカです。

では、「裏をとる」にはどうしたらよいか。

「らしい」の連鎖《れんさ》から逃れるためには、一次情報にさかのぼって確認しなければなりません。たとえば科学ニュースであれば情報源（ソース）をネットで検索してみる。すると、『ネイチャー』誌、『サイエンス』誌といった信頼できる科学誌の何年何月号の何ページという情報が出てきます。あるいは新聞の記事が出てきます。そういった情報を専門に扱う媒体が出てこない場合は、ニュースソースがあやふや、ということで、他人に伝えてはいけないわけです。本来は。

ミもフタもない話ですが、情報をどれぐらい集められるかっていう技術の問題になるので、今ならどうしてもインターネットでどれだけうまく一次情報まで到達することができるかという検索能力が鍵を握ります。

このあたりはどうしても動かしがたい現代社会の現実です。

やっぱり英語

やはりミもフタもないけど、このときに効いてくるのが、英語なんですね。

玉石混淆の情報が溢《あふ》れかえるこの現代社会において——インターネット社会、情報化社会といわれますね——、精度の高い情報っていうのは、どうしても英語に偏っているんです。

日本語サイトの情報も、英語から翻訳された情報が実は多いんですよ。もちろん優秀な翻訳家の方もいますし、バイリンガルも増えているでしょうけれど、翻訳の過程で誤りや勘違《かんちが》い、訳す人の解釈が入るんですね。これ自体は当たり前のことです。

ただ、そういうことも勘案すると、情報という観点からいえば、英語が決め手なんです。英語ができる／できないで、得られる情報の質と量が雲泥《うんでい》の差になってしまう。

ウィキペディアひとつとってみても、日本語サイトのほうにそれなりの情報が載っていても、英語のほうに飛ぶと、分量がその10倍くらいあったりします。「えっ！」と思うのですが、よく見ると、日本語版は英語版の要約だったりするのです。

人間の一生の時間は限られていますから、勉強する意欲が仮にあったとしても、どれもこれもをやるわけにはいきません。そうしたなかでは、英語の勉強をしっかりやるのが効率的だといわざるをえません。

もちろん早期教育ということでいえば、いろいろな意見があります。公立小学校での英語の授業が始まりましたが、これには異論がある方もいるでしょう。ちゃんと日本語を学んでからのほうがいいんだっていう持論の人も少なくありません。

実はほんとうはぼくも日本語をちゃんとやれっていう立場に近いんですが、実際に科学の先端を追いかけるには英語での情報収集力は不可欠であり、その現実から目をそらすわけにもいきません。

自分自身がそういう現場に身を置いていると、娘にも将来は日本語同様に英語を使いこなしてほしいと正直思っているくらいです。

というのも、それがおそらくこれからの社会を生きていくときの武器になるんですね。先ほどの「フィードバック」にかんしても、自分を変え、行動を変えていくのに、適切で幅広い視野の情報に基づいたフィードバックが返ってくるに越したことはない。そして、英語も一種のフィードバックによって上達するわけです。

実際のところ、日本人っていうのは英語ができない人があまりにも多いわけです。大きな原因はやっぱり学校教育にありますよね。ちゃんと英語がしゃべれる先生が学校に何人いました？　当たり前ですが、できない人に教わっても絶対にできるようにはなりません。日本社会はなぜかこの悪循環を繰り返してきたのです。予算をつけて、どんどん帰国子女やネイティブを招けばいいと思うのですが……。

日本ではグーグルみたいな企業も出てこないし、アップルみたいなのも出てこない。ぼくはそこには英語の壁があるんじゃないかなっていう気がして仕方ないのです。

これまでは頑張ってものを作ってきた、日本人はいいものを作ってきたからそれが海外で売れてました。そこに言語は介在しない。けれどもインターネットというのは基本的に言語のテクノロジーの世界だから、英語が基本的にインターネットの世界を支配してます。残念ですが、これを覆すのはなかなか難しい。

いまインターネットで検索をかけて、どこかのサイトに飛んだとき、かなりの確率で「アカマイ」という会社のサーバーにつながっています。ご存じでしたか？　マサチューセッツ工科大学教授のトム・レイトンという人が創立した会社ですが、この会社がある意味、インターネットを支配しているんですね。もちろんアメリカの会社です。こうやって、英語圏の人々が、実質的にＩＴ（情報技術）の根幹を握っているのが、現代社会の実態なのです。

日本では特にいわゆるエンジニアの方の英語力が非常に低いと思うんですよ。英語が苦手だから理科系に行きましたみたいな人もけっこう多いんですね。そういう状況がおそらく、今の日本人をITバカにしちゃったんだと思うんですよ。

技術はあるんですよ。あるんだけどそれを英語というプラットフォームにうまくはめることができないのではないか、ぼくにはそう思えてならないんです。このことが、今の社会で日本人をかなり不利な立場に追い込んでるんじゃないか。

ぼくは仕事柄、さあテレビ番組を作りましょう、さあ本を作りましょう、という場面に遭遇《そうぐう》することが多いわけですが、ディレクターの方とか編集者の方とかと情報を持ち寄って打ち合わせしましょうという話になると、たいていぼくが集めた情報が広くて深いものになる。「何それ？　どこにあったの」とよく聞かれるんですが、それらは基本的に英語の情報なんです。日本語という言語空間は残念ながらインターネット上には広がっていないわけです。商売の空間も広がらなくなってしまう。

ある意味、たかが英語ですが、もはやまったくバカにはできないんですね。

数学は、怖い

似たようなことが数学の場合にもいえます。

よく理系と文系というふうに分けますね。そうすると、なんとなく理系のほうがアタマがいい感じがしませんか？　その原因はおそらく数学の授業にあると思うんですね。

算数が大好きだった子が中学に入って数学に移り変わったあたりで落ちこぼれる——そんな話をよく聞きますよね。で、いったん落ちこぼれると数学の世界っていうのはなかなか復帰できないんです。というのも、授業はどんどん先に進んでいくじゃないですか。三角関数で躓いて「まずいな」と思ってたら、あっという間に微分積分が入ってくる。

しかも、数学の怖いところは、実は積み重ねていく知識だから、どこかで躓くと、途中ちょっとブランクがあったからその先を勉強して追いつこうと思っても、そうはいかないんです。そのブランクの部分をちゃんと勉強して埋めていかないと、結局身に付かない。成績も上がりません。

だから、いったん赤点取っちゃって勉強がいやになったりすると、もうそこで終わっちゃうんですね。ジ・エンド。

グーグルやアップルをあらためて持ち出すまでもなく、世界のトップ企業は基本的にテクノロジーの会社ですね。先ほど出てきた、インターネットの陰の支配者であるアカマイもそう。アメリカの理科系の秀才たちが始めたものなんです。そこで使われている技術っていうのはものすごい数学が駆使されているんですよ。

グーグルの検索エンジンが出現したとき、他の検索エンジンの会社の連中がみんな仰天したんですよね。なんでこんなことができるんだ、って。その仕組みは最初だれにもわからなかったんですよ。映画『スター・ウォーズ』のプレビューを世界配信したとき、ほとんどのサーバーはアクセスが殺到してダウンしましたが、アカマイのサーバーだけは生き残った。なぜ、グーグルだけに検索できて、なぜ、アカマイのサーバーだけがダウンしなかったのか。それは、圧倒的な数学力の差が生んだ技術のギャップなんですね。

凡人が数学を学ぶ意味

このように、数学ができるということは、かなり強力な武器になるのはまちがいないんですが、誰もがそんなトップ企業に入るわけではありませんね。

では、数学ってどこまでできればいいのか。

これについては、アメリカでも大まじめに議論されています。最近の『ニューヨーク・タイムズ』紙に、ニューヨーク市立大学名誉教授で政治学者のアンドリュー・ハッカーさんが「代数学なんて、できなくていいじゃない」という趣旨の論評を書いて、かなりの反響を呼びました。それが『ル・モンド』紙にも掲載されてフランスでもものすごく議論が起こったんです。日本ではあんまりですが……。

どうもこういうことのようです。代数学ってxとかyというのを使って演算しますよね。たとえば、$x+y^2$がどうとか、因数分解といってそれを展開したりまとめたりするじゃないですか。そんなことをやってなんになる？って話なんですよ。

どうもアメリカではそういう簡単な代数の演算もできないために大学に入れな

い、キャリアアップができない人が大勢いるらしい。でも、そういった人たちだってべつの才能をもってるじゃないか。たとえば文学とか芸術とか。大学に入れないために彼らはキャリアアップができないのはおかしいぞ、というところから議論が始まっているんですね。

　これは確かに、すごく難しい問題だとぼくも思うんですけど、代数を学ぶ効用というのは、難しい演算ができるようになることだけじゃない。それははっきりいっておきたいですね。

　どういうことでしょうか。

　数っていうのは、実は、抽象的な思考の第一段階なんです。子どもの頃は、リンゴが１個、リンゴが２個、リンゴが３個……あるいは、コーヒー１杯、コーヒー２杯、コーヒー３杯……と数えますね。つまり、数えられている具体的なものと数字とが不可分です。リンゴやコーヒーといった具体的なものを抜きにして数は登場しません。

　しかし、やがて、数だけを取り出して計算するようになります。１＋１だって、そのうち。1、2、3……と数を取り出した瞬間、それはもう具体から抽象へレベルが上がっているのです。ちがうものが同じ数あるということがわかるだけでも、ものすごい抽象です。

小学生のころ、つるかめ算ってやりませんでしたか？　つるの脚、かめの脚を具体的にイメージするところから始め、数字を取り出して計算します。繰り返しますが、ここまででもかなりの抽象能力です。さらに中学に入ると、つるかめ算をやめて、xとyに置き換えて計算をするようになります。そこでは何が起きているか。もうおわかりですね。

またひとつ上の抽象度の世界に入るんです。

こうやって、次々に抽象度のレベルを上げていくっていうのが、おそらく人類特有の能力であり、文化の発展の秘密なんです。そういうプロセスが純粋なかたちで表現されているのが、数学（代数学）なんですね。

前に知能指数のフリン効果の原因が、抽象思考の年代によるレベルアップにある、という話をしました。あそこでは知能指数に少し否定的なニュアンスで話をしましたが、数学力による抽象能力のアップこそが、知能指数アップに直結する、という側面は否定できません。

具体的な数字の世界から抽象的な代数の世界に入るということ。そのメリットは計り知れません。いつも具体的に数字を扱っているとしましょう。すると、毎回毎回0から数え始めないといけないことになります。ところが、代数の世界というのは、いったん公式が決まると、どんなものであれ、その公式をとっときゃいいんです（公式集でもいいし、暗記してもいい）。

みなさん、エクセルは使いますか？　あれがわかりやすいです。家計簿を作っているとイメージしてください。セルに数字を入れますね。抽象能力が低いと、入れた数字をいちいちその都度計算するしかありません。そろばん時代と一緒です。でも、もう一段抽象して、毎回当てはまる計算式を置いておく。そうすると、あとはそこに毎月の数字を入れれば、ちゃんと家計計算をやってくれるわけですね。

つまり、抽象的な式に置き換えておけば、あとは単に入力するだけ。だから、抽象化というのは効率化につながるんです。現代人は時間がなくて忙しいのでなるべくそういう効率的なものを使ったほうがいい。

確かにそう、でも、それって、たとえば芸術家には要らなくない？　そんな反論が聞こえてきそうです。

芸術に数学はいらない？

北野武監督（ビートたけしさん）がよくいってることですけど、彼は映画を撮《と》るときに因数分解の発想で撮るんだそうです。

はじめはどういう意味かよくわからなかったんですけど、たとえばシーンの組み合わせを $xy+xz+x\omega$ と表現できるとすると、それを x で括《くく》れるじゃないかというわけです。$x(y+z+\omega)$ ですね。ちなみに x というのは殺すってことだったりするんだけど、殺す場面を3回、パン、パン、パンと撮るんじゃなくて、y と z と ω というのがまとめてそこにいて、1回パンパンパンって撃っちゃう、つまり x で括っちゃう。――そういうことをいうんですよ。これは明らかに数学的な発想です。

だから、芸術には数学なんか要らないのかというと、必ずしもそうじゃないんですね。ほかにも、たとえばピクサーのアニメを考えてみましょう。『ファインディング・ニモ』とか『モンスターズ・インク』とか『トイ・ストーリー』とか、もうすごい人気ですよね。あれらは基本的にコンピュータ・グラフィックスで作っています。コンピュータ・グラフィックスって、基本的に数学の世界なんですよ。あれぜんぶ計算ですから。

そうなってくると、現代のテクノロジーを駆使した芸術には、数学が見え隠れしながら必ず関連してくるともいえるんです。もちろんソフトさえ使えれば問題ないかもしれませんが、使う側としてはある程度仕組みを知っていたほうが、作る作品にちがいが出ると思うんですね。そういう意味でも、数学っていうのは見えないところで意外に効いているのかなと思います。

芸術ということで続けると、ぼくがよく引き合いに出す例で、「キュビズム」という運動があります。１９００年代の初頭にピカソやブラックが始めたものですが、このあたりで起きてることって、基本的に抽象画への転換なんですね。

それまでの絵画は何か具体的なものを描いていました。ところが、ここで抽象度が一気に上がる。それはどうもいろんな分野で同時多発的に起きたように思います。現代音楽なんかもそうですし、なんといってもアインシュタインの相対性理論が登場します。人類全体の脳が次の抽象レベルに飛躍した、そんな気さえ起こさせる大転換でした。

だから、芸術にも数学は必要だなんてことをいいたいわけではなくて、芸術か数学か、文系か理系か、そんな分け方はほとんど意味がなくなってきたということです。文系の極致と見られている哲学の分野だって、革新的な思想を展開した人は数学をベースにしていることがよくあるわけです。だから、数学の世界を知っていると、無駄なものがすべてそぎ落とされて、非常によく理解できることがあります。

アタマがかたい人の考え方

話を戻すと、なぜ数学の話などしているのか。

先ほど、抽象ということを述べました。抽象の極致が数学なんですね。動物には抽象の世界はないんですね、ほとんど。いわば「ベタ」の世界です。すべてが具体的なんです。いっぽう、人間は抽象的な世界をもっています。「たとえば」とか「あえて」とか「要するに」が使えるのです。つまり、具体的なものからある程度の共通要素を取り出して（これがまさに「抽象」です）、それをほかの場面に応用できる。

ただし、これがうまくできる人とできない人、得意な人と苦手な人がいます。そこにもいわば「バカの壁」があります。

みなさんのまわりにもいませんか？　あるひとつのことをいったりやったりすると、そのとおりに繰り返すのはできるのだが、それを「踏まえて」べつのところに応用することができない人が。

そういう人は残念ながら、抽象能力が一歩弱いのです。ひとつのことをひとつの捉え方しかできず、つまり「ベタ」にしか考えることができず、遠くから眺めたり、近くから眺めたり、角度を変えて眺めたりということができない人は、酷《こく》ないい方かもしれませんが、「アタマがかたい人」ということになります。

なにも、グーグルという会社に入るのが偉いわけではありませんし、微分積分までマスターしろといっているわけでもありません。けれども、人間が長い進化の過程で培《つちか》ってきた抽象能力を身に付けずに、「バカの壁」の手前に留まっていたら、なんとももったいないことです。数学を学ぶ意味は実はそういうところにあって、生きていく上でいろいろな場面で応用できるものなんです。

濫読のすすめ

アタマをやわらかくする、いい方をかえると、思考回路を増やすには、ありきたりかもしれませんが、本の読み方がけっこう重要です。

ぼくの持論ですが、若い頃は「濫読《らんどく》」すべきです。とにかくなんでも読んでみる。友だちが読んでいる本を読む、新聞広告に出ていた本を読む、図書館で目に入ってきた本を読む……そういう時期がぜひとも必要です。

読書の基本的な役割のひとつに、知識を仕入れるということがありますが、知識の絶対量が少ないとどうしても人はバカになっちゃうんですよ。

知識を増やすためにインターネットをやる？　それもいいけれども、インターネットで適切に検索し、インチキ情報をかいくぐって、信頼に足る情報にたどりつくには、その手前で、ある程度の知識の基本量が必要なんです。本は著者が書いたものを、編集者や校閲者《こうえつしゃ》の目を通して、修正を加えたうえで出しているのです。もちろんそれが絶対ではありませんが、そういうフィルターを通った知識にできるだけ多く触れておくことが大切です。

若いうちに濫読を経験していないとどうなるか。

結果的に、非常に偏った分野のものだけを読んできたということになっちゃうんですね。読んでいない分野があまりにも多すぎるんです。それではやはり知識としてバランスが崩れてしまいます。そうすると、知らず知らずのうちにものの見方も偏ったものになりがち。これは大人になってからはなかなか直せません。人間というのは、慣れ親しんだアタマの使い方からだんだん逃れにくくなっていくからです。

ゆっくり読む時期が来る

濫読するためにはゆっくり読んでいてはダメです。時間がもったいないので、速く読む。ただし、わざわざ「速読」の技術を身に付ける必要はないとぼくは思います。たくさん読んでると、自然にだんだん速くなりますよ。ぼくも書評の仕事とかでどうしても締切まで時間がないときにはやっぱり速く読めます。

それはべつに飛ばし読みをするわけじゃなくて、スピードが上がっていくにつれ、いっぺんに目に入ってくる字数が増えていくイメージです。ゆっくり読むと、5文字とか10文字しか目に入ってこないのが、上から下まで1行ぜんぶが入る。左右にも広がって、4、5行ぐらい入ってくる。それでもちゃんと意味がとれるわけです。

そういうスピード感でどんどん読んでいく。この時期は、本の内容を分析したり批判したりしないでいいんです。とにかくたくさん、いろんな人が書いている、過去から現在までのいろんなジャンルの本、文学から哲学から数学から物理から生物学から、あるいは芸術とか映画とか音楽とか、考えうる限りの分野に手を出して、とにかくアタマにインプットしていく。

そうすると、ある時期に、おそらく高校や大学に入ってしばらくしたくらいでしょうか、ふと、濫読をやめる時期が来る。それまでにアタマに詰め込んだ知識を、自分の視野で、自分の観点から整理して、自分の意見として残すもの、あるいは発展させるもの、それから、自分とは反対の意見だという位置づけにするものというように、自分のアタマのなかの本棚が整理整頓されていくんです。この時期が来たら、濫読はいったん終わりです。

次に何をやるべきか。今度はじっくり読みましょう。

濫読の時期を経験しておくと、一回読んでなんとなくわかっているけど、もう一度読みたい、そういう本が出てきます。それをもう一回じっくり読んでみる。

そうすると、最初読んだときには気がつかなかったことにハッと気がついたりするんですね。これがね、おもしろいところです。

たとえば、ぼくの場合、サン゠テグジュペリの『星の王子さま』を子どもの頃に買い与えられて読みました。そのときはなんとなく、蛇《へび》に嚙《か》まれてかわいそうだとか、それくらいしかわかっていないんですね。ところが大人になってから読み返すとですね、サン゠テグジュペリの孤独であったり、冒険心であったり、奥さんとのすごく複雑な感情といったものが、ビシビシと伝わってくるではありませんか。赤いバラが出てくるけど、これはやっぱり奥さんのことなんだろうなあ、とか。

その解釈が正しいかどうか知りませんが、ものすごく深い作品なんだ、実はいろんな読み方ができるんだということがわかってくる。単なる子ども向けのお話が、大人が読んですごく考えさせられる本に変わるのです。

これって、濫読の時期にはわかんなくていいんで、ただ、サンプルとしてこういう作品があるんだってことがアタマのなかにないと、もう一度そこに戻ることはできないんです。濫読があってこそ、もう一度ゆっくり読んだときの新たな発見の深みが増します。

新たな発見ということでいえば、文学作品が映画化されることがありますね、それを観てみるのも一興です。古典ならさらにリメイクの映画が作られていることがありますから、それも観て比べてみる。

朗読を聞くのもなかなかいいですよ。自分のアタマのなかで読んでいた響きとはちがった語り口で読まれていたりすると、ちょっとドキッとすることがありますね。あっ、このセリフはこういう発音なんだ、と。まったくちがう感情が喚起されたりして、おもしろいですよ。

『銀河鉄道の夜』の普通じゃない読み方

ぼくが繰り返しじっくり読んで、新しい発見にたどり着いた本に、たとえば、宮澤賢治の『銀河鉄道の夜』があります。

この作品中、「カムパネルラは、まるい板のようになった地図を、しきりにぐるぐるまわして見ていました」という記述があります。この「まるい地図」とは何でしょう？　そう、星座早見盤にちがいありません。そう思ったぼくは、手元に星座早見盤を用意して、じっくり読み始めたんですね。

すると、ジョバンニとカムパネルラの次のような会話に出会います。

ジョバンニ：「もうじき白鳥の停車場だねえ」

カムパネルラ：「ああ、十一時かっきりには着くんだよ」

この会話は、銀河鉄道が11時に白鳥座の駅に着く、そのように解釈できるのではないか。さっそく星座早見盤を回します。白鳥座が真ん中になるように配置します。すると、午後11時の目盛りには8月12日から13日あたりが来るんですね。

少し飛んで、別の箇所では、回ってきた車掌《しゃしょう》の次のようなせりふがあります。

車掌：「よろしゅうございます。南十字（サウザンクロス）へ着きますのは、次の第三時ころになります」

これも同じように、南十字座に3時に着くと解釈してみます。夜出発して午後の3時到着だと考えてみるのです。南十字座は南半球の星座なので、南天の星座早見盤が必要なのですが、南十字座を真ん中にもってきます。すると、どうでしょう? やっぱり8月の中旬に当たります。

つまり、『銀河鉄道の夜』の場面設定は、科学的に考えて、8月12日から13日の未明にかけてだということがわかる。

しかもしかも、8月13日頃は、ペルセウス座流星群が出現し、流星の数がピークを迎える日なんです! これもまた、銀河の祭りの夜だという設定にぴったり符合するではありませんか。

ぼくはもちろん宮澤賢治研究の専門家ではありません。一ファンにすぎません。だからこの読み方は「竹内仮説」とでもいえる程度のものです。でも、文学研究

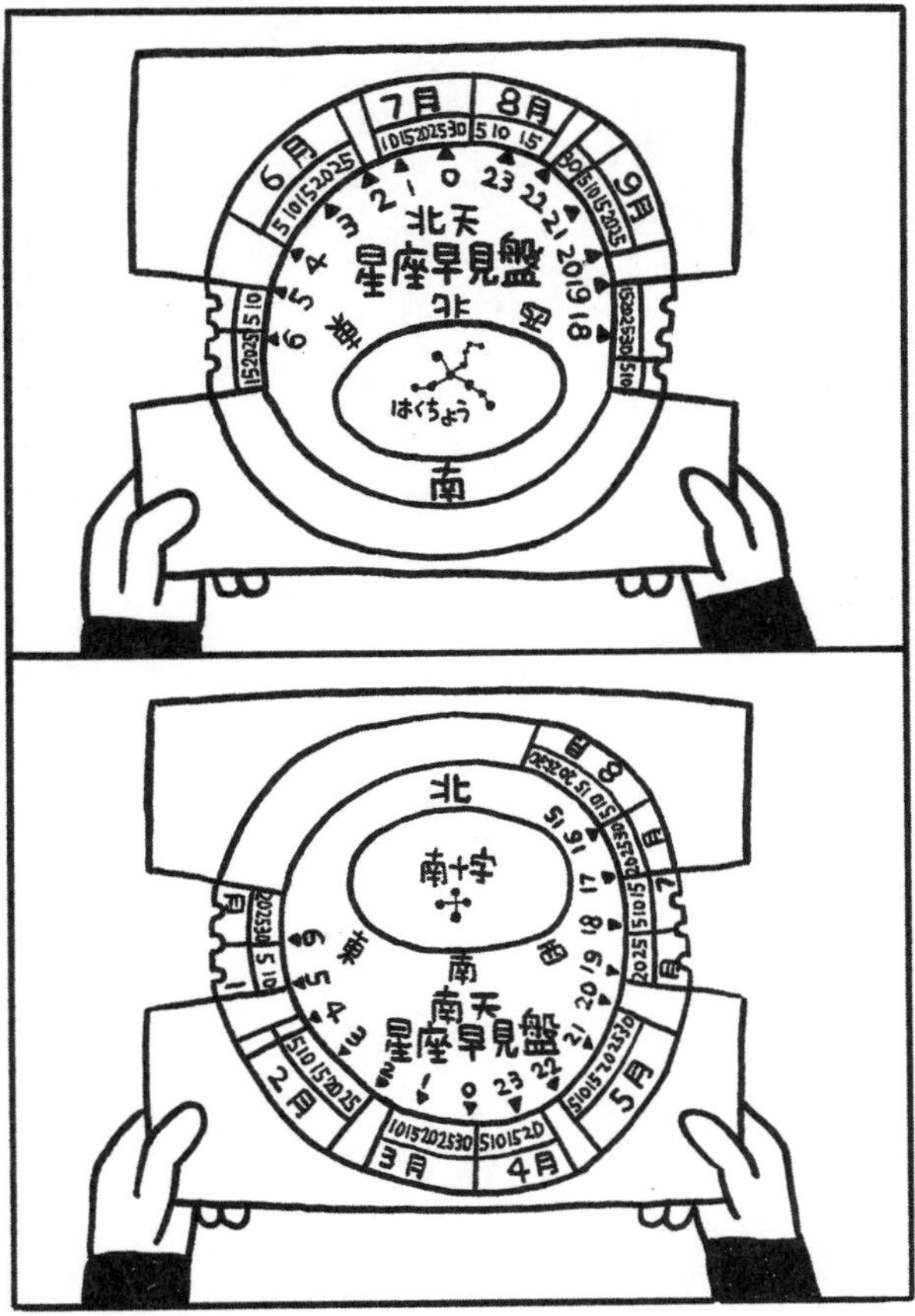
北天
星座早見盤
はくちょう
南
6月
7月
8月
9月
南天
星座早見盤
南十字
北
南
2月
3月
4月
5月

の方は普通、作品中のこんな情報に注目したりはしないんですね。この物語が何月何日の話なのかを割り出そうとした研究なんて、見たことありません。

賢治は、長い時間をかけて何度も何度もこの作品を書き直しています。すごく緻密《ちみつ》に場面を設定し、科学的にちゃんとつじつまが合うように銀河鉄道を運行しているわけです。そう思ったら、なんだかワクワクしてきませんか。

文学作品のよさは、読み手に読み方の自由が与えられていることです。学校の授業で習ったお行儀《ぎょうぎ》のいい読み方だけではつまらない。アタマがかたくなり、バカをこじらせるだけです。自分なりのこだわりで読んでみる。それが読書の醍醐《だいご》味《み》です。

短距離アタマと長距離アタマ

話は変わりますけど、『高校生クイズ』っていうテレビ番組がありますね。ぼくは何度か解説で出たことがあるんですけれど、高校生たちを見ていてすっかり感心してしまいました。

ある年は、一回戦の収録に7時間くらいかかったんですけれど、ぼくも含め解説や実況の大人はみんなヘトヘトになっちゃうんですね。よく考えてもいないコメントを発しているだけなのに、そろって頭を垂れちゃっている。

ところが、クイズに答えている高校生たちは平気なんですよ。疲れてはいるんだろうけど、まだまだアタマが回転するんですよね。この「長距離アタマ」はすごいなと。

このあいだ、銀行に勤めている友人がしみじみいっていたんですが、社会に出て必要なアタマの力は、耐久力だっていうんですね。つまり、持続してずっと使い続けてもへたらない力ですね。学生時代の受験勉強のように、決められた短い時間内に問題を解くというような能力はいっさい利かない、と。

仕事って、たいてい終わりがない日々ですよね。会社の仕事って、みなそうなのかもしれません。みんながへたっちゃってどうしようもないときに、まだアタマが働いてる人の勝ちじゃないですか。高校生クイズも同様ですけど、社会人になっても、長時間続けてアタマが働き、それを何年間も持続できるような人のほうが評価される。きっとそういう人は勤務態度に安定感もあるでしょうし。

いちいち息が上がってボロボロになってしまう短距離アタマだと、怖くて次の仕事をまかせられませんよね。

ただし、短距離アタマも悪いことばかりではありません。

先ほども触れましたが、テレビに出ることがしばしばあるので、よくわかるんですが、芸人さんたちの世界は短距離アタマじゃないとダメですね。瞬発力が勝負です。

誰かが何かしゃべる、それを受けて瞬時にパーンとおもしろいことをいって沸《わ》かす。芸人さんは、これで食ってるわけです。この短距離アタマが衰えたら、第一線から退くんでしょうね。あるいは運のいい人は司会にいきますね。あれはうまく短距離から長距離にアタマを切り替えられたんでしょうね。長距離アタマを備えていない人は残念ながら消えるしかない。過酷《かこく》な世界です。

まあ、両方もっているに越したことはありませんが、自分のアタマはどっち寄りなのかを把握しておくと、仕事選びなんかもスムーズかもしれませんね。

早いほうがいいに決まっている

というわけで、ぼくは、テレビやラジオの仕事を始めたのがけっこう遅くて、40代半ばからなんですね。その経験に照らしていうと、新しい世界に飛び込むのは絶対に若いうちがいいです。

特に10代のうちは、これまで関係なかった世界にもスーッと入れる瞬間があるんですよね。自然にフィードバックがかかる年代なんです。もしもそれまでの人生のリズムを変えるようなチャンスが巡ってくるんであれば、なるべく早いほうがいいです。

40代とかになってからだと、やっぱり適応能力が圧倒的に落ちるんです（だからぼくはテレビの生放送に慣れるのに3年もかかってしまいました）。長距離アタマにしても短距離アタマにしても、脳がどうしても年をとってきているんで仕方ないんですが、若いうちに経験できることはなんでもしておいたほうがいいです。あとからやろう、なんてそのときは思っても、あとからでは絶対にできません。

格好つけて、なかなか行動に乗り出さない、それどころか行動に乗り出す同世代をバカにするような10代の子たちがいますが、思春期の心理状態としてはよくわかるけれど、ほんとうにもったいないです。いろいろ経験しておかないと、結局食わず嫌いのものをたくさん残したまま人生を終えることになってしまいます。

自分に向いていること、いないこと

もっと若かったら飛び込んでいったのに、と悔《くや》しいこともある反面、ぼくくらいの年になると、自分に向いていること、いないことがよく見えてくるのも事実です。

芸人さんのように、瞬時に気の利いたことをいわないと次は呼んでもらえないというようなテンションで仕事をするのは、自分には無理だと悟《さと》っています。そうじゃなくて、落ち着いた場面で何か科学的な解説をする、それもみんなでワァーワァーしゃべっているなかで大きな声でバーンといわなくちゃいけないんじゃなくて、ちゃんと自分がしゃべる場面を設定してくれる、そういう大人の雰囲気で話ができるような仕事を選ぶようにしています。

だから、いわゆる討論番組には出ません。討論番組っていうのは、なんというか、一発芸なんですよ。正しいことをいうとか理路整然と話すということではなくて、一発かます世界。そして、それによって自分と反対意見のやつをバカに見せる世界。こちらがアタマがよくてあいつがバカだというような劇場を作るんですね。それができるやつの勝ちなんですよ。

そうなってくると、ぼくみたいなタイプは何も発言ができなくなっちゃうんです。出てもきっとバカに見えるだけです（笑）。だから、きちんとじっくり議論できる場を選ぶようにしています。

でも、若いうちはそういったものでもどんどん出ていくといいと思います。異世界を知る体験を積んでおかないと、年をとってから自分のやるべき仕事を選択するということもできないからです。選択する基準は経験に裏打ちされているわけですから。

ともかく、自分とはちがうスタンスや視点をもつ人間がいるということに直接触れる経験はいくらしておいても損はありません。アタマがかたくなるのも防いでくれます。

何かに集中する時間をもて

いろいろなタイプのアタマのよさがあるわけですけれど、大きな仕事を成し遂げる人は、集中して何かをする時間をもっていたということがいえると思います。ニーチェもこんなことをいっています。「偉大な芸術家や思想家は全員、たいへんな働き者だ。彼らは創作だけでなく、根気よく、捨てたり、ふるい分けたり、つくりかえたり、整理したりする」。天才も不断の努力、ということです。

ぼく自身は集中力に欠ける人間なんで、それが痛いほどよくわかります。学問をやるとしましょう。先ほどの濫読ではありませんが、子どものころはいろんなものに興味をもっていたほうがいいわけです。けれど、大学に入ったあたりから、ひとつに決めるべき時期がくるんですね。そこでうまく決めることができ、自分のフィールドとして深く勉強していくことができれば、たとえば科学者としてやっていくことができるんですよ。

でも、その時点で目移りすることがあるんですね。「天文学はおもしろいけど、生物学もおもしろいなぁ」みたいな。そこで専門が決められないと、科学者としては辛《つら》いかもしれません。

その意味では、ぼくのような作家やライターといった職業の人は、専門が決められなかった人なのかもしれません。あまりにも興味がいろんな方向に分散してしまって、面白いものを次から次へ追いかける。ふと気づいたときには友人たちはみんなどっかに止まってそこを掘り下げているかもしれない。ところが、こちらはそれをやれずにあちこち飛び回ってるもんだから、いろんなこと知ってるんですよ。ものすごい体験はあるんだけど、残念ながらひとつの分野をずっと掘り下げていってすごい業績を上げるということはできなかったんです。

だから、科学者とか何かの専門家になろうという考えをもっている人は、どこかで迷いを捨てて、ひとつに集中する時期を作らないといけません。

ただ、それはできない人にはできないですね。できなかった場合はあきらめて、べつの仕事を選んだほうがいいでしょう。最終的には作家という職業が残されています（笑）。

天才には時間が降ってくる

いわゆる天才を見ているとですね、集中の時期がほんとうにすごいんですよ。ただね、自分で進んで集中する時間を確保しているんじゃないように思えるんです。

たとえば、ニュートン。彼の場合は、たまたま疫病《えきびょう》が発生したんですね、ペストです。それで大学が閉鎖されて、仕方なく故郷にある時期戻ってたんです。そのあいだにあまりやることがないから、とにかくノートを整理して、いろいろ考えているうちに重力理論を作っちゃったんですよ。その時間を作り出したのは彼自身ではなくて、いってみれば社会現象ですよ。だからもし疫病が発生しなかったならばニュートンの重力理論は生まれなかったかもしれない。

アインシュタインもそうですね。大学に残れなかったから、仕方なく特許庁に勤める。どうも、午前中で仕事はぜんぶやっちゃって、午後は暇だった。その時間を使ってとにかく集中して考えてたから相対性理論ができちゃった。自ら好んで集中する時間を確保したわけじゃないんです。

スティーヴン・ホーキング博士もある意味、そうなんですね。彼の場合は病気を発症します。ALS（筋萎縮性側索硬化症《きんいしゅくせいそくさくこうかしょう》）っていう、筋肉がだんだん動かなくなってくる病気です。その結果、考える時間がものすごくできちゃったんですよ。こういっては悪いですが、彼は病気を発症する前は特になんの輝くものもない、普通の学生だったんですよ。それが発症してから変わってきて、すごい論文をたくさん書くようになっちゃった。もちろん彼が選んで病気になったわけじゃないですから、運命の巡り合わせによって集中する時間ができちゃったんです。

だから、なんといえばいいのか、天才というのはそういう運命の下に生まれてるんですね。集中する時間が降りてくる。「おれも時間さえあれば……」っていう人がよくいるんだけど、それがやって来ないのが運命なんですよね。天才のところにはそれが来るんです。あるいはそれが来た人が天才と呼ばれるのかもしれない。こればっかりは自分で作ってはいないんですよね。これは非常に不思議ですね。

だから、天才はおそらく自分からはなれないんでしょうね。巡り合わせでたまたまそういう集中できる時間ができたかどうかなんですよ。ただ、もちろん、その時間にパチンコやってたらダメですけどね。

鳥の目になってみる

ところで、いま自分はアタマかたくなってるなあと感じたら、ちょっとした視点の変化を持ち込むといいんですよ。

ぼくはよくこういうんです。鳥がどういう世界を見ているか考えてごらん。ぼくたち人間は、三原色の世界じゃないですか。鳥はですね、四原色なんですよ。つまり、目のなかにある特定の波長に反応する細胞が人間は三種類なんですけど、鳥は四種類あるんですね。紫外線が見えるんですよ、彼らには。

だから、たとえば花を見たときに、ぼくたちが見ると真ん中にめしべやおしべがあってまわりに花びらがあってってそれっきりなんですけど、鳥が見るとですね、その花びらに模様が入ってたりするんですよ。それは紫外線でしか見えない模様だから、ぼくたちにはまったく見えないわけです。

余談ですが、鳥や爬虫類《はちゆうるい》の祖先である恐竜たちが跋扈《ばっこ》するようになった時代まではは、哺乳類《ほにゆうるい》も四原色の目をもっていたんです。大昔までさかのぼれば、哺乳類も恐竜も同じ祖先に行き着きますから。でも、恐竜が巨大になって地球を支配し始めたから、哺乳類たちは小さくなって夜行性になった。なにしろ、昼間、出歩いていたら恐竜に食べられちゃいますから。で、夜行性だと、色がたくさん見えても仕方ないので、目が退化して、だいたい二原色になっちゃった。今でも猫や犬など、ほとんどの哺乳類は二原色のままです。猿の一部、そして人間は、恐竜が滅んだあとに昼間の生活に戻ったから、突然変異により、三原色まで「復帰」したんです。

この鳥の目の話は、もちろん、実際の見え方の問題というよりは、考えや発想の問題と捉えてください。見える世界や聞こえる世界がちがうと、当然、知識もちがうし、考えや発想もちがってくる。

人間同士でもそう考えてみるといいんですね。人間と鳥の視点がちがうくらいに、人間同士でも視点がちがうと捉えておくのです。自分にとっての見え方がすべてではなくて、他人には別の見え方があるかもしれない。

情報をたくさん摂取している人と、あまり情報をインプットしていない人、さらには、偽《にせ》情報や伝聞情報に惑わされている人。当然、世界の捉え方も変わってくるにちがいありません。ですから、仮に自分と正反対の意見をもっている人がいたとしたら、どうしてその人がそのような意見を主張しているのか、相手の立場になって考えてみればいい。そこには、自分が知らなかった、納得できる理由が隠れているかもしれません。あるいは逆に、相手は必要な情報を知らないために、まちがった判断をしているかもしれない。とにかく、相手をバカだと決めつける前に、まず、相手の視点に立って考えてみる。想像力の翼を広げてみるといいんです。

そういう姿勢がアタマをかたくするのを防ぎますし、実際、相手の立場が見えやすくなり、コミュニケーションが円滑《えんかつ》になるのです。

見えるようにすることの効用

人間って、どんなにアタマがよくてもアタマのなかだけで考えることには限界があるんです。考えているうちに、なにやらごちゃごちゃしてきて、何を考えていたのかわからなくなることはありませんか？

そんなときにはアタマのなかにあることを、ちょっと外に出してあげると、びっくりするくらい物事が整理されて見えてくることがあります。

たとえば、コンピュータのプログラミングをやるときには設計図を書くんですね。ある場面に出くわしたら、イエスならこっち、ノーならこっちと、道筋を描くんです。ロールプレイングゲームが好きな人は、こっちの道に行ったらこうなる、あっちならこうなると常に考えていますよね、あれのことと思ってくれればまちがいありません。

その道筋を図式化していくんです。「フローチャート」っていうんですが、図形を書いて、矢印を書いて、イエス／ノーと線が出て、というように紙の上で見えるようにしていくと、全体の構造が見えてくるんです。アタマのなかだけで考えているとなかなかわかりません。

こうしておくと何がいいか。

もちろん自分のアタマが整理されるのがいちばんの利点ですが、同じかたちで他の人が理解できるんです。

いくら言葉で説明しても他の人には伝わらないことって多いのです。でも、図式化すると一発でわかることがある。

プログラミングはその最たるものです。ぼくも昔プログラマーの仕事やっていたんですが、引き継ぎのときはたいへんでした。というのは、ぼくはフローチャートを書かない人間だったんですね。周囲からは天才かバカかわからないといわれていました（笑）。勝手に自分でプログラムを書いていて、自分のアタマのなかだけで自分にしかわからないフローチャートがあるんですけど、それを書き残してなかったんですよ。これは大迷惑です。仕事がめちゃくちゃ滞ります。先に字が汚いと読んでもらえなくて損をするという話をしましたが、それよりもひどいですね。仕事を引き継がれた人は何もわからないのですから。相手の立場が見えていないという意味でも最悪です。他人の視点を考えることが身に付いていれば、誰もが見てわかるマニュアル的な資料を残そうとする発想が生まれます。

そうした共有の発想をもてるかどうかは、アタマのよしあしを左右します。自分のおバカな体験ですみませんが。

図にしてアタマを整理する

算数で文章題があるじゃないですか。できない子って、そのまま読んでじーっと考えてるんです。自分のアタマのなかだけでは整理できなくて。

そういうとき、その文章題でいっているシチュエーションを書いてみたとたん、問題が解けることがあります。

それこそバカ正直に、どんな素朴なものでも図にしてみるといいんです。びっくりするくらい効果がありますよ。中学受験を目指す小学生で、算数がいまいち苦手な子は、だまされたと思ってやってみてください。

これはぼくの妹が翻訳した本に出ていた問題なんですが、ちょっとやってみましょうか。一種の「しりとり」ですが、映画の題名の頭文字が、次の映画の題名に含まれているように並べる問題です。たとえば、Cinderella の頭文字はCですから、Alice in wonderland にはつながりますが、Toy story にはつながりません。では、次の映画の題名をこのルールで並べていったら、最後に来るのはどれでしょう?

DETOUR
GOODFELLAS
UGETSU
IKIRU

BRAZIL
CASABLANCA
CHARADE
PSYCHO
METROPOLIS

どうですか？　ちょっとこんがらがってしまいますよね。この問題、実は縦に並べていても埒《らち》があきません。発想の幅を広げる、という意味で、左右にも展開できる図にするといいんです。次ページのような具合に。

いかがでしょう？　図式化といっても、こうやって紙の上に広げて書くだけでもいいわけです。こうすると、しりとりの可能性の矢印が見やすくなって、解答に近づきます。アタマの体操ということで、解答は書きません。矢印を参考に考えてみてください。

（参考：リチャード・レスタック、スコット・キム著、竹内さなみ訳
『遊ぶ脳みそ――パズルで鍛える！　記憶、知覚、認知』日本経済新聞出版社）

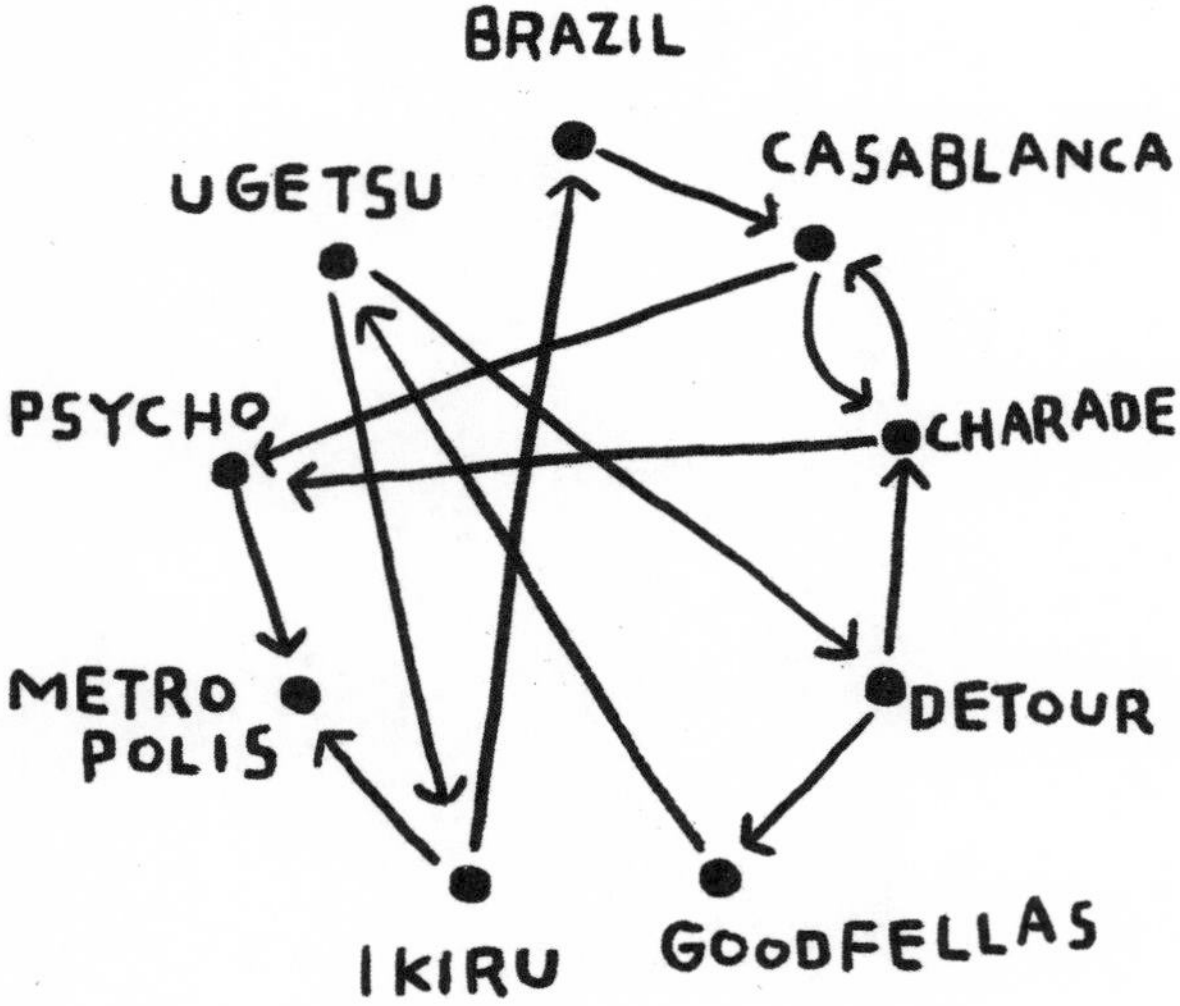
BRAZIL
CASABLANCA
UGETSU
PSYCHO
CHARADE
METRO
POLIS
DETOUR
IKIRU
GOODFELLAS

文章や箇条書きは使い勝手が悪い

ぼくにもこんな経験があります。

ラジオのナビゲーターをやってたときに、ニュースにコメントをつけるコーナーがあったんですね。生放送だったんですが、1時間くらい前までの当日の最新ニュースを扱うんです。で、それぞれのニュースに対して1、2分のコメントを考える。これが意外と大変でした。

でも、やっているうちにいい方法を発見しました。絵にすると、うまくしゃべれるんですよ。

文章にしてしまうと、まず書くだけですごい時間がかかっちゃって、間に合わないんです。それで、仕方がないから、ニュースの要点を絵にしていく。政治家がなんかいったとか原発事故のニュースとかを絵を描いて、流れがこうなっていてとか、前後関係がこうなっていてとか、いろんな情報をちょこちょこっと描いて一枚の紙にまとめる。

それを持ってブースに入ると、一度流れを絵にしているので、まずこれを話して次にこれを話してというふうにアタマが整理できている。だから、1、2分でちゃんとしたコメントができるんですよ。

だから、図式化するというのは驚くほど効果的な技術です。文章だけをこねくり回したり、アタマのなかだけでごちゃごちゃ考えているよりも、図や絵にしてしまったほうが、それまで見えていなかった構造が見えてくるんですね。

授業で大事な発表をしなくちゃいけないとか、大人だったら会議でプレゼンしなくちゃいけないっていうときは、原稿をきっちり文章で書くよりもこのように流れを図にしておくといい。

それに、きっちり文章を書いたとして、それを噛まずにまちがえずに読むことはできないんですよ。これはもうぼく、何度もラジオで経験しました。理由は簡単で、ぼくがアナウンサーじゃないからなんです（笑）。

アナウンサーの人たちは書いてあることをそのまま、あたかも普通にしゃべってるかのように読む特殊技能を訓練で習得するんです。その訓練はものすごい大変なものなんです。その訓練をまったくやってない人間が書いてあるものをそのまま読もうと思っても絶対噛んでしまう。これはあきらめたほうが賢明です、アナウンサーになるならべつですが。

箇条書きでも不充分です。箇条書きで要点を書いても、方向がひとつしかないからです。順番にこなしていかないと話がつながらないことが多々あります。

でも、絵の場合はいくつかの方向に——こっちに行ったり、あっちに行ったり、戻ってきたり——自在に動けます。これをいわなかったときはこっちをいうとか、臨機応変の対応もできるんですよ。時間が限られていて、その場で取捨選択もしなくちゃいけない場合には図式化のほうがベターです。

要するに、一次元（縦）の箇条書きのような世界から二次元（縦と横）の図式や絵の世界へと発想の自由度を高めることで、バカの壁を越えることができるんです。

図にすると、自然に、ひとつでない方向からものを見るような姿勢にならざるをえないので、かたいアタマを脱する訓練にもなるのです。

星の数は全部で何個？

文章の原稿をきっちり用意する人は、どこかで、きっちりとものを考えるほうがアタマの使い方として高級だという意識があるのかもしれません。でも、図や絵のほうが使い勝手がよいのを見ると、ぼくたちのアタマはもう少しアバウトでルーズな状態にしておいても、いい仕事をするのかもしれませんね。

その点については、こんな問題が参考になります。ぼくがよく使うものです。

問題

いま夜空に星が見えています。星は全部で何個あるでしょうか？

ちょっと数分でも立ち止まって考えてみてください。都会で星がほとんど見えないとか、そういう要因は度外視してくださいね。あくまで思考実験ということで。

あまりにも雲をつかむような話でしょうか？　こういうときには、ともかく自分の知っている情報から考え始めるとよいのです。大きく分けて2つの方法があると思います。

ひとつめはこうです。実際の星空を見上げて、両手の指で四角形を作ります。デジカメの画面みたいに。まず、そのなかに星が何個あるかを数える。それから、その四角形（画面）が全天でどれくらい分あるかをだいたい数える。それらを掛け算すると全天での星の数が出ます。もちろん概算《がいさん》ですけれど、これもひとつの方法です。

頭の毛の数は何本でしょうか？　この問題も同じ方法で考えることができます。どうやればいいか。なんでもいいので紙に1センチ四方の穴を空けます。それを実際に頭にあてて穴から髪の毛を出します。それを数えるんですよ。で、それを何倍すればだいたい頭全体の分になるか——髪の毛がある頭の面積はだいたい何平方センチメートルか、ですね——を割り出します。もちろん厳密でなくていいんです。

もうひとつは、ちょっとした知識が要るんですが、星座の数から概算するという方法です。星座の数っていくつあるか知っていますか？　2世紀の天文学者・プトレマイオスが定めた「トレミーの48星座」（ちなみにトレミーはプトレマイオスの英語読み）というのが有名ですが、現在は88個と国際的に認められているんです。この数を知っていたと仮定しましょう。まあ、知らなくても、「たぶん100個くらいかな」という程度でもかまいません。

ひとつの星座は何個ぐらいの星でできているか。非常に大まかに十数個としましょうか。それに88を掛けたら、だいたい1000くらいですよね。星座に含まれていない星もあるわけだから、それを数倍してみようくらいなところで、数千個という概算になるんですね。実際に、天文学的にも、いい条件下で肉眼で確認できる星の数は数千個のようです。

この問題では、厳密に正しい答えを求めるのが目的ではありません。ケタは合っている、というくらいでいいのです。だから3000でも5000でも実は同じです。10万とか100万じゃないな、とわかるだけでいい。

　ポイントは、手持ちの方法と知識だけを使って推定をスタートしてみるということです。

　知らないからできない、コンピュータが手元にないから調べられない、そんなアタマのかたい態度では何も始まりません。

大まかに見積もることができる能力

　こうした思考実験の問題は「フェルミ推定」と呼ばれています。エンリコ・フェルミという物理学者がこうした見積もり方法を得意としていたことに由来するようです。

　このように概数を見積もるということは、バカにならないための方法として非常に重要です。

　なんでもかんでも厳密にちゃんと計算しようと思うと、人はバカになっちゃうんです。ちゃんとなんて計算できないことがほとんどですからね。計算ができないとなると、結局なんにも結果が出ないということになる。そこで話が終わってしまいます。進歩がない。

でも、社会に出たら、答えそのものはもちろん、それに至る筋道もわかっていない地点から始まる問題のほうが多いんです。少なくとも新しい何かを生み出そうと思ったら、そういう問題に取り組まなければならない。

そうしたときに、だいたいの見積もりをする、大まかな見当をつける、察しをつけるという能力がきわめて有効なのです。

科学者は実はこれをふだんからけっこうやっています。たとえば、素粒子物理学の専門家は素粒子がぶつかる確率を計算します。それをものすごい大きな加速器を使って実験するわけですが、いきなり細かい計算をやるわけじゃない。研究室のみんなで集まって、ホワイトボードを使ったりして議論しながら、大まかな見当をつけて、実験の概略を決めるのです。大きな方向性が間違っていると、1ヶ月間みんなで計算に取り組みましたけど、予算もかけて実験しましたけど、論文1本も書けませんでした、という悲惨な結果になりかねないからです。

社会人だって同じことだと思うんですね。みながベタに物事を捉えていて、「だいたいこうだろう」「アバウトにいえば」「とりあえずこう仮定してみたらどうだろう」という話ができないとなると、知らないうちに従来あった考え方や捉え方を繰り返すだけになってしまうのです。いわゆる前例主義というやつです。

ただ、このフェルミ推定、慣れないうちはどこか気持ち悪いと感じるはず。それくらい、学校教育は、「1つの正解」にたどりつくということを目標にしてしまっているからです。そうでないと、点にならない。普通の人はそちらのほうに慣れ親しんでいますから、厳密な答えが出ないというのが怖い。道筋もひとつに決まっていたほうが安心です。

もちろん細かく正確な計算をしなくてはいけない場面や、そのような役回りの人はいますし、いなければいけません。しかし、それだけをやっていては成長は望めないのです。

だからでしょう、このフェルミ推定は、マイクロソフト、グーグル、マッキンゼーといった世界の一流企業の入社試験に出されるようになりました。それで広く知られるようにもなったのです。新しい課題に向き合うにあたり、大まかな見積もりを立てる。そうした能力をもった人のほうが、実際の社会では使えると考えられているのです。


フェルミ推定はほんとうにおもしろくて、こんな問題も立てることができます。

「アメリカのシカゴにはピアノ調教師が何人いるか?」

「日本には何匹の犬がいるか?」

「富士山を動かすのにはトラックが何台必要か?」

「宇宙人に出会わないのはなぜか?」……

どうですか? くだらないといえばくだらないんだけど、そういう突拍子《とっぴょうし》もない問題に遭遇したときに、自分の手持ちの知識と方法を使って見積もることができるか。そんな訓練をしてみることも、アタマをやわらかくする有効な手段ですね。

★チャレンジしてみよう！——4次元を見る方法

問題。
「4次元」を見るにはどうしたらいいでしょうか？

いきなりそんなことをいわれても……。そう思ったでしょうね。0次元とは何のことか？　1次元は？　2次元は？　3次元は？　と順に考えていくと少しはとっかかりが見えるかもしれません。

アインシュタインが1905年に相対性理論を発表してから、宇宙は4次元だといわれています。そもそも「次元」って何でしょう？

一見むずかしい学術用語でも、一般語に置き換えてしまうと何のことはない、ということがよくありますが、この「次元」という言葉は「広がっている方向」と置き換えるとわかりやすくなります。

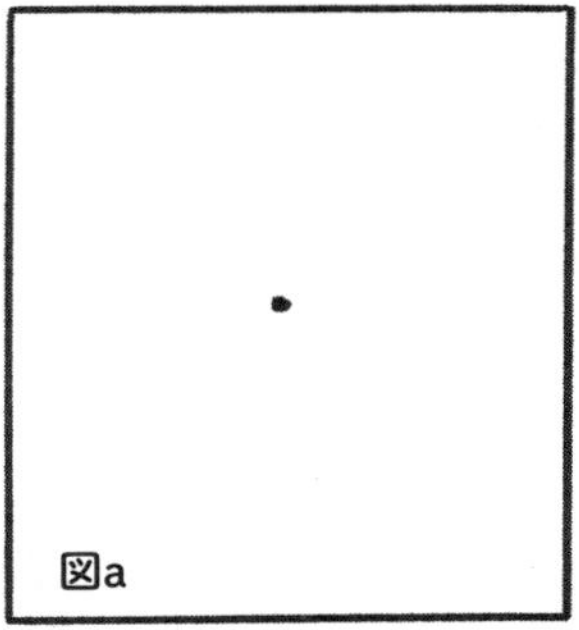

図a

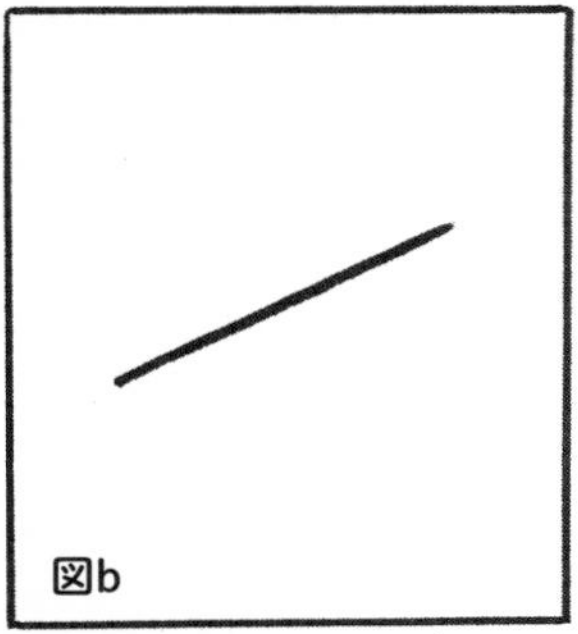

図b

0次元というのは広がりの方向がゼロということですから、広がってないということで、それはつまり点ですね（図a）。

次に、その点を一方向に引っ張ってみます。これが1次元ということになります（図b）。直線とか線分というものです。広がりの方向がひとつですので、1次元。

今度はその線分を別の方向に引っ張ります。そうすると面になりますね（図c）。広がりの方向がふたつで、2次元。x軸とy軸というふたつの軸で表現できる次元ということもできます。

さらに面をまた別の方向に平行移動させ、軌跡を線で残しておきます。そうすると、サイコ

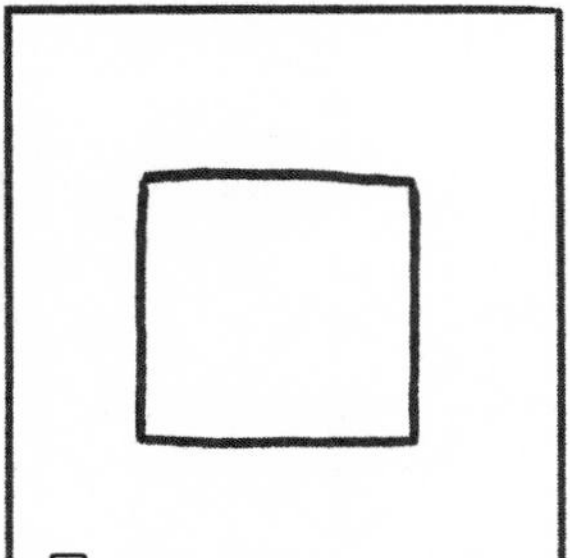
図c

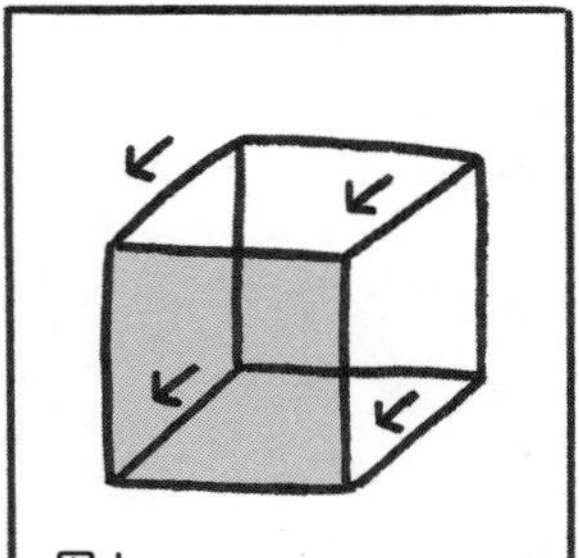
図d

ロみたいに立体になりますね（図d）。奥行きが生まれ、広がりの方向が3つになるんで3次元。x軸・y軸・z軸の3つの軸で表現できます。

さて、4次元です。図eのように、3次元の立体を斜め上にずらすように移動させ、頂点の軌跡を線で残します。そうすると図fのようになります。広がる方向が4つ——アインシュタインのいう「時間」の次元が足されました——と考えていいでしょう。もちろん、紙の上の図は平面の表現ですのであくまで便宜的な方法ですが、こうすることによって4次元を「垣間見る」ことができます。

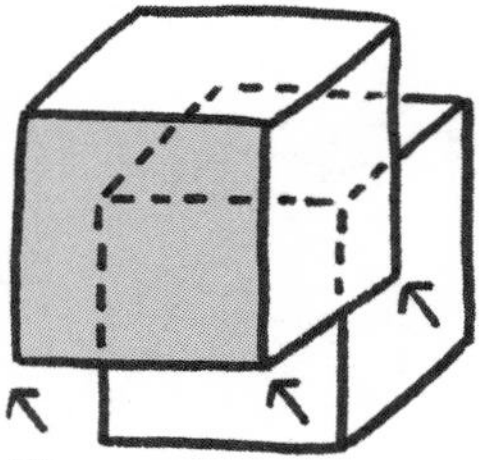
図e

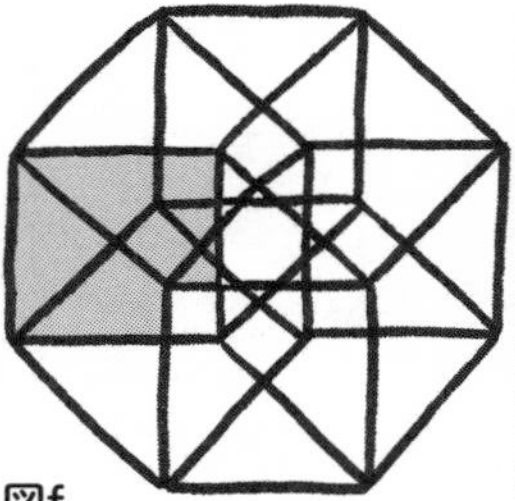
図f

ちなみに、４次元を「垣間見る」方法はほかにもあります。
図ｇのように、２次元の面のなかにもうひとつ２次元の面を入れて、頂点を線でつなぎます。そうすると、奥行きが生まれたように見えますね。２次元が３次元化したといってよいでしょう。
広がる方向をひとつ増やせればよいのですから、同じように、３次元の立体のなかにもうひとつ３次元の立体を入れると、３次元を４次元化できると考えることも可能です（図ｈ）。
４次元なんてすぐにはイメージできなくて当たり前ですが、順を追って考えていけば、このように少しでもその世界に思いを馳せることが

図g

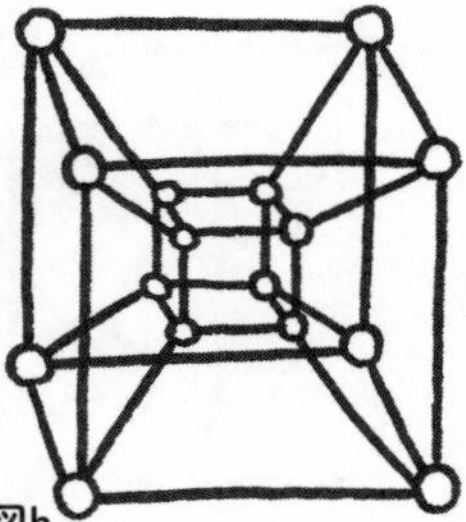

図h

できるようになります。

いま先端の科学者は、10次元や11次元のことを研究していますから、徐々に想像力を広げていく訓練をすることも、アタマをやわらかくしておくひとつの方法といえそうですね。

第4章

バカをこじらせない、たったひとつの方法

バカにはたいてい目標がない

自分はバカなんじゃないかと悩んでいる人はどうすればいいか。

ぼくの考えでは処方箋はひとつしかありません。

それは、「アタマよくなろう！」と自分で決意することです。

自分はバカだ、アタマがよくないといってバカをこじらせている人はたいてい、その決意が足りないんですよ。決意が足りないとどうなるか。目標が設定できないんです。

世の中で成功している人を見ると、必ずといっていいほど、目標設定がしっかりしています。いっぽう、人生があまりうまくいってない人を見ると、だいたい目標が、ない。けれども、不満は多い。「うまくいかない」って、しょっちゅう嘆《なげ》いている。ぼくはそういう人にいってやりたい。うまくいかない理由は第一に、あなたが目標を設定してないからですよ、と。

ここでいっている「目標」とは、たとえば「お金を儲《もう》けてやる」とか「家を建ててやる」とか「会社で偉くなってやる」とか、あるいは「この海峡を泳いでわたってやる」とか、なんでもいいんです。なんでもいいんだけど、具体的な目標を立てないことには、人間というのはそちらの方向には行けないんです。そもそも、どっちの方向に行こうかということも考えられませんから。

目標設定が済んでしまうと、実は半分くらいは達成してしまっている。そんなものです。

言葉にすると行動が変わる

今、目標をもてと簡単にいいましたが、そこですごく時間がかかる場合も実際にはあります。

そういうときは、自分は何がしたいのかということをできるだけ自分のなかで整理して、言語化するんですね。

言葉にしてみないとダメです。前にいったように図に書いてもいいし、もちろん口に出してもいい。

そうすることで初めて方向が決まります。それに向けての作戦とか段取りとか具体的な行動が始まるんですね。そうしない限り、おそらくアタマはよくならないです。

いったん目標の設定さえできれば、「そのためにはどうしようか」って考えるようになるんです。そうすると、この本を読んでみようとか、この参考書にトライしてみようとか、先生にもっと質問してみようとか、さまざまな行動パターンの変化があらわれます。

自分に行動の変化を起こすこと、これがきわめて大切です。アタマのなかで漠然と考えていても限界があるんです。

フェアにいうと、実はここで挫折する人も多いのです。行動パターンは変わったのだけど、いろいろやってみても、それでも「やっぱりダメだ」と。その時点で目標を取り下げてしまうんですね。

でも、ここが踏ん張りどころです。目標を取り下げてしまったら、その瞬間、そちらには絶対に行けなくなりますよ。それはまちがいありません。

周囲のいろんな人を見ていてつくづく思うんですが、成功している人はやっぱり根気があるんです。諦《あきら》めない。諦めた瞬間にもうそれは達成できなくなるからです。2年かかろうが3年かかろうが、とにかく諦めずに目標を自分のなかで確立しておく。ブレない。それに向けて少しずつ少しずつ進んでいく。

成果が出ないのには理由がある

なぜ途中で諦めてしまうのか。

いちばんの理由は、達成感がないから。いいかえると、成果が出ないから。

そうなんですけれど、ここに大きな勘違いがひそんでいます。

成果というのは、比例関係にはないんです。どういうことか。説明しましょう。

目標を立ててそれに向けた行動が始まっても、では10日やってみたのと比べて１００日やったほうが10倍の成果が出るかっていうと、そうはなりませんよね。

つまり、次ページの上の図のように直線的な比例のようにはいかないんです。

それなのに、なぜか、努力と時間に比例して結果がついてくると思いこんでし

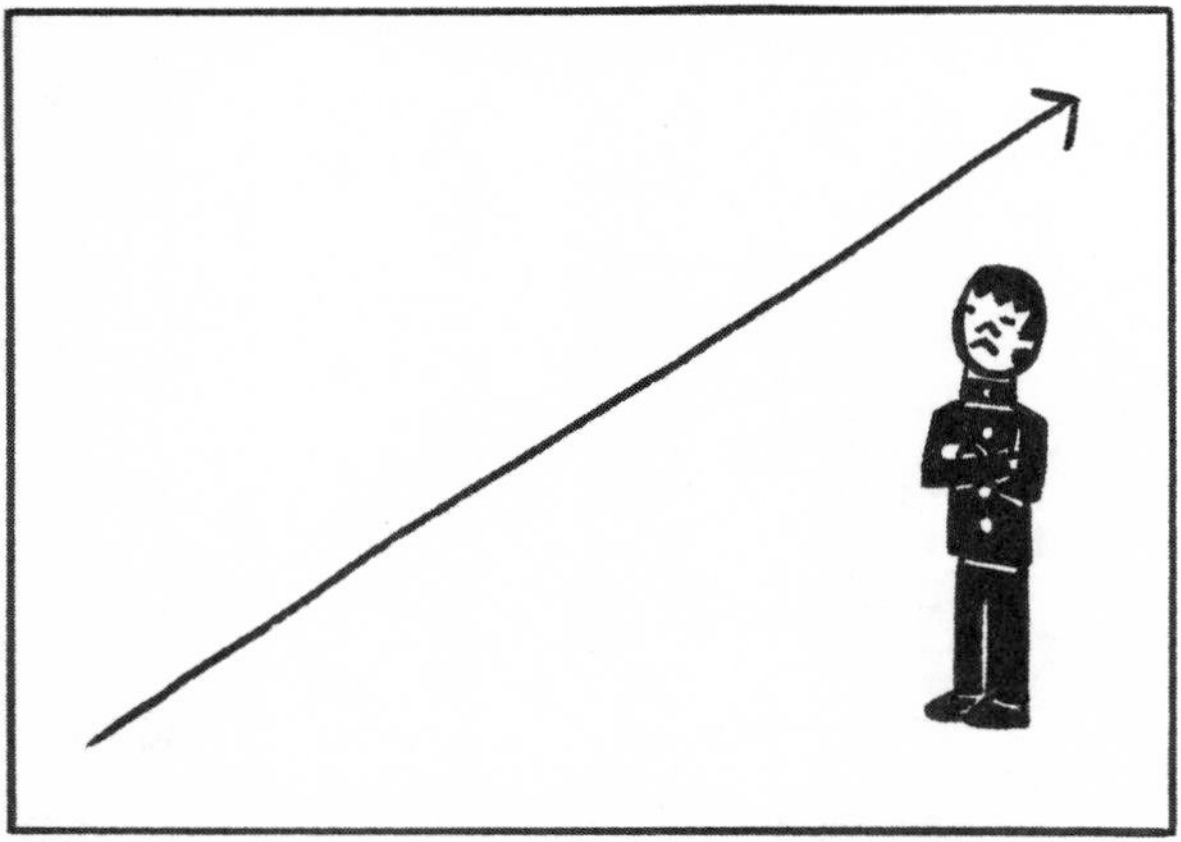

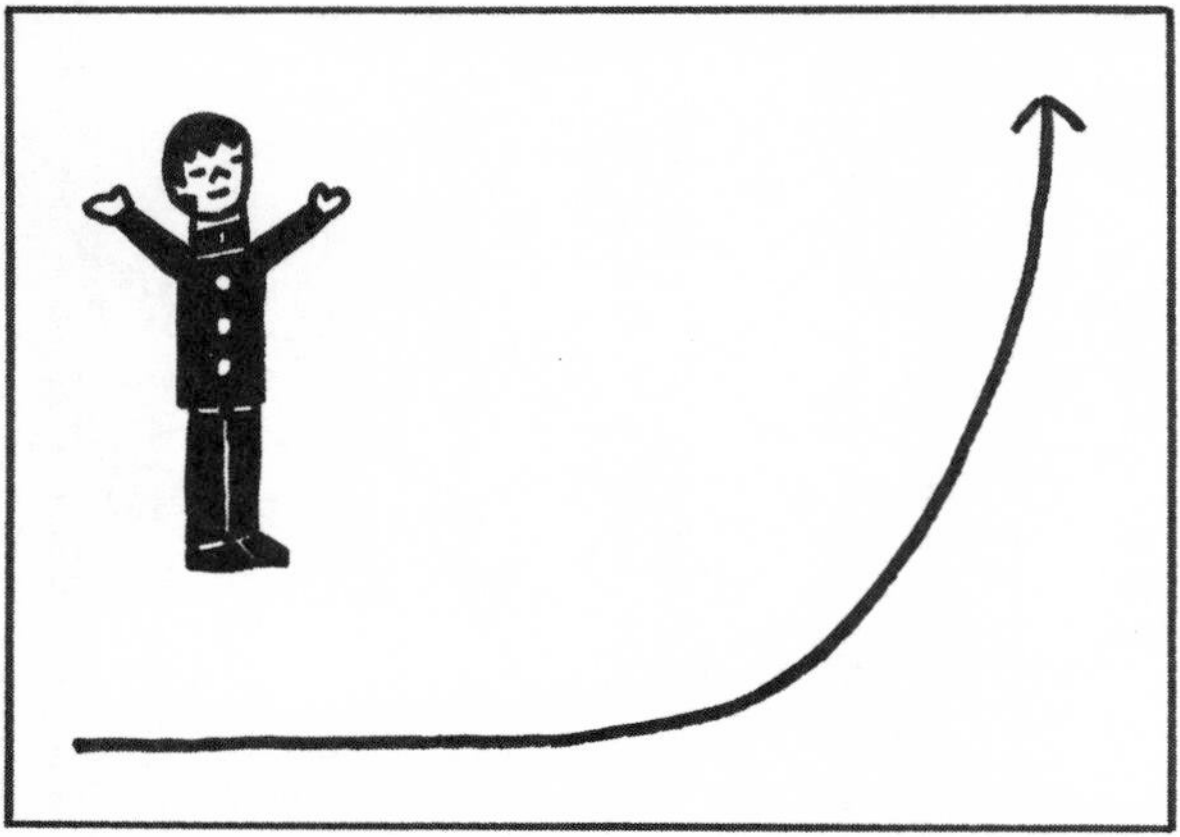

まう人が多い。そう思い込んでいたら、「こんなに頑張っているのに、なぜ?」ってなるのは当たり前です。そもそも世の中の現象ってそんなに単純にいくものなんて少ないいんです。教科書に毒されすぎなのかもしれません。これもバカのこじれた例ですが。

では、成果はどのようにあらわれるか。

下の図を見てください。こういうパターンが多いんです。しばらくずーっと底辺あたりを進んでいって、あるとき突然ぐーっと上がるパターンです。

要するに、人生における達成というのは、だいたいの場合、突然やゝってくゝるゝのです。低空飛行が続いて、急にポーンと舞い上がる。そういうことが多いんですよ。

だから、それを知らずに、途中で、その瞬間が来る前に諦めちゃうと、元も子もないというか、すべて水の泡《あわ》になってしまう。

確かに苦しいんですよ。いつ急激に上がるかは、そうなる前には見えていないんですから。もしかしたら来ないかな、そう思ってしまう。ただそこで諦めると、やっぱりアタマはよくならないんですね。

ちなみにこの急上昇のグラフ、横軸が時間の場合もありますが、そうではなくて、商品の名前だと思ってみてください。そして、縦軸が売れた数。本の場合だと、あまり売れない本が大部分(左の低い部分)で、数冊だけベストセラーがあるわけです(右の急上昇の部分)。こういうグラフを「ロングテール」と呼びます。左の低い部分が恐竜の尻尾《しっぽ》で、右の急上昇の部分を恐竜のアタマに見立てているんですね。

世の中の多くの現象は、単純な比例ではなく、この恐竜型のロングテールのグラフになります。成果が出るのって、たいへんなことなんですね。

人間には待つ時間が必要

学校の成績もそうです。成績を上げようと、たとえば参考書に懸命に取り組みます。でも、やったらすぐに次の試験で点数が上がるかっていうと、そう簡単にはいきません。むしろ不思議と上がらなかったりします。なぜでしょう?

これは科学的に解明されているわけではないんですけど、人間の脳っていうのはおそらく、あることを習得してそれを自由に使いこなせるようになるために、いわば「熟成」の期間が必要なんでしょう。これは天才の集中の時間と似ています。

熟成は待ってるしかないんです。やったうえで。待ちながら、続けていく。そうすると、あるときフッと成績が上がる。

特に受験勉強なんて、比例関係で考えていると——たとえば高校受験だったら中学三年生になって始めたりする人がいますが——間に合わないことが多いんですよ。低いところからあるとき突然上がるわけだから、しかもそれがいつ上がるかわからないわけだから、熟成の期間を考慮していないと努力が反映されないかもしれないわけです。

比例して上がっていくなんて嘘だと思ったほうがいい。ある程度積み重なってきたときに爆発的に成果が出るんです。

まわりの人もね、急にそこで気づくんです。「ああ、こいつはコツコツやってたんだな」って。大人になってもよくあることです。周囲の人がそれに気づくと、にわかに信頼度が高まって、「じゃあ、この大事な仕事を頼もうか」とか、「彼がいうなら、まかせてやらせてみようか」といった話になる。

周囲の評価が上がると、自分に自信がもてるようになる。バカから脱するというのは、実はそういうことかもしれません。だから、そうなるまでの熟成期間を我慢できるかどうかですね。

人が言葉を習得するとき

熟成ということに関連しますが、子どもが言葉を習得するのを親として見ていると、おもしろいんです。

たくさんの言葉にさらされている幼児は、意外としゃべり始めるのが遅かったりする。それはどうも、アタマのなかで整理する情報がたくさんあるので、その整理に時間がかかるようなんですね。それが熟成したときに突然発話が始まるんだけど、そのときにびっくりするような言葉が出てくる。逆に、あまり豊富な言葉の環境にさらされていない幼児はけっこう早くしゃべり始めるんだけど、そこからの進歩は遅かったりする。

つまり、早く結果を求めることがよいとは必ずしもいえないんですね。集中してたくさん勉強すると、それがアタマのなかで熟成するのに時間がかかると思ったほうがいい。

言語の習得についてはこんなおもしろい研究があります。まったくちがう言語体系の国からアメリカに養子で渡った子どもがどれくらいの期間で英語をしゃべれるようになるかということを調べたんです。

そうすると、やっぱり幼児と同じなんです。けっこう時間かかって、あるとき突然パッとしゃべれるようになる。しかも、幼児と同じで最初は1語、単語レベルです。次に2語が出てくる。「パパ、行く」とか。そのあとに形容詞がついたりして増えていく。そういう広がり方は、幼児が言葉を習得するときも、ある程度の年齢になってから英語に初めて触れた人も、だいたい同じなんですよ。だから、人間の脳が言語を習得するときの基本的なメカニズムは幼児から大人まで同じなんでしょうね。

あまりにも負荷が大きかったり、やっていることの情報量が多い場合は、結果が出るのもやっぱり時間がかかるんですよ。これは仕方ない。その代わり、結果が出たときにはものすごいものが出るかもしれない。このことはよく覚えておいたほうがいいと思います。

バランスのとれたアタマのよさ

こうしたことから、アタマのよさとは何かということがわかってくると思います。

たとえば、数学の成績を上げようと目標設定して、一所懸命勉強したとする。これはかなり絞られた目標ですね。

やってみると、先ほどのグラフのように、ある程度諦めずに続けていくと、あるときヒューッと成績が上がる。こういう経験をするわけです。

これをほかの教科に取り組む場合にもやってみる。たとえば、国語の勉強でもいいでしょう。すると、また同じようなかたちで成果が出る経験をする。

では、他の分野ではどうだろう？　なんでもいいんです。スポーツでも、習い事でも。そのなかで、こまかくても何らかの目標設定をし、それに向けた行動を起こし、成果の出方のパターンを知る。それを繰り返す。

そうすると気づいてくるんです。あることを達成するのに、自分はどの程度我慢して続けていると、それなりの成果を出すことができる人間なのかということに。

そうすると、自分が達成できる、ほどよい目標を設定できるようになるので、ますます成果を出せるようになる。好循環が生まれるわけです。その自信があれば、ときには大きな目標設定も思い切ってできるようになる。

コツコツとそうした経験を積み重ねているということ、さらにその意味に気づいているということ、これがアタマのよさといえるでしょう。正確にいえば、バランスのとれたアタマのよさですね。特定の分野でものすごい成果を出す天才的なアタマのよさをもつ人もいますので。

ちなみに、特殊技能を必要とする職業、たとえば野球選手とかピアニストとかカメラマンとかになるために必要な修業期間はだいたい1万時間だといわれています。子どものときピアノを習ったけど、うまく弾《ひ》きこなせない人は、せいぜい練習時間が数千時間止まりだったのでしょう。1万時間かけて初めて、恐竜のアタマの部分に到達することができる。それが特殊技能を習得する場合の一般的な目安なんです。1日3時間くらい練習して、1ヶ月で100時間、1年で1000時間ですから、コツコツと10年は続けないと、特殊技能の分野を職業とすることはできません。はぁ、ちょっとため息が出ますね。でも、やってできない時間じゃない。あとは、根気が続くかどうかです。

やろうと思えばいつだってできる?

バカをこじらせている人はよくこういいます。

「やろうと思えばいつだってできる」

聞いたことありませんか?　でも、残念ながら急にはできないんです。

こうしようと決意し、目標を設定し、それに向けて行動を変え、成果を出す――そういう経験をしたことがない人がそういうんです。このような人は、自然といつの間にか、時間と成果を比例関係で考えてしまっているのです。先ほどの例の図ですね。

「いつかやる」

「やればできる」

「今はやっていないだけ」

確かにそうでしょう。でも、いつ？　何を？　どうやるの？　すべてが漠然としています。なんとなく、アタマのなかで思っているだけ。妄想に近い。そして、いざやりだしたら努力の分だけ成果が出ることを前提にしています。やったことがない人の特徴です。それは甘い！

とっても重要なので繰り返しますが、努力と成果は比例関係じゃないんですよ。

何かのちょっとした、小さな達成によってそれに気づくと、自分なりにそれをいろんなパターンに当てはめて応用できるようになります。

「よーし、もうちょっと我慢しよう、頑張れ、わたし」みたいな感じで、ちょっと時間をかけることができる。もちろん、その場その場はどんな結果が出るかわかっているわけではありません。ときには不安にもなるでしょう。でも自分なりの達成パターンに気づいているかどうかは、大きなちがいなんです。気づくと、やみくもに人生の時間を使っているわけではなくなってくるんです。

「重要なのは、プロセスだ」

よくこういいますよね。この言葉にも注意が必要です。

これのほんとうの意味は、過程のなかで少しずつ結果が出るということではありません。結果はすぐには出ないんですよ。先ほどの「プロになるには1万時間」を思い出してください。でも、そのあいだに人間のアタマのなかで何かが進行している、熟成期間が確保されている。1万時間への道のり。それこそがプロセスなんですよ。

だから周囲の人はそこを見てあげなければいけません。見ているほうにも我慢が求められるんです。過程を細かく見て小さな結果が出ているのを拾い上げようという意味ではないんです。プロセスうんぬんという人はそこを誤解してるんです。やっぱり比例関係で見ちゃってるんですよね。

続けるということ

しつこいようですが、たとえば、ピアノを習うとしましょう。自分で自由に弾けるようになる人はホントに少ない。結果が出る前に諦めちゃうからですね。ちゃんと続けていればいいのに。でも、先ほど計算したように、10年ぐらいはかかるから、それはものすごくたいへんなことだと思うんです。でも、あるときスッと自由に弾けるようになる瞬間があるんですよ。恐竜のアタマに到達した瞬間です。そこを越えることができた人は別世界を見ることになる。

数学もそうです。微分積分でつまずきました、三角関数でつまずきました、そういう声をよく聞きます。でも、それはやっぱりそこでやめちゃったからですよ。もうちょっと我慢してやっていると、あるとき数学っていうのを使いこなせる境地にまで行ける。そういう人たちは数学者や物理学者、あるいはエンジニアになるわけですけど、そういう分野で活躍している人っていうのは、やはりある意味、別世界に行っているんですよね。

別世界を体感するには下積みの熟成期間がぜったいに必要。必死に我慢するしかない。ただ同時に、ある程度楽しくないと続かないんですよね。自分が楽しいと思えるような工夫ができるかどうか。

勉強がはかどらないなら、参考書を変えてみるのもひとつの手です。こっちのほうがマンガが入っていておもしろい、そんな程度のことでもいい。なんであれ、続けられる環境を整えるのが大切です。

ピアノだって、バイエルから始まって順々にこなしていくことに行き詰まったら、ジャズやポピュラー音楽、アニメの主題歌を弾いたっていいわけです。それを許さない先生もいますが、あまりにも視野がせまい。教科書アタマになりすぎです。

教材を替えるのも、場合によっては先生を替えるのも、自分が続けられる環境を整えるためなら、多少の試行錯誤は面倒くさがってはいけません。

長続きすれば、たぶん別世界に行ける。別世界といっても大それたことではありません。「あそこでヒューッと自分の力が上がった」、そういう実感ですね。ある程度、アタマに自信がある人はその感覚を覚えていると思います。それってやっぱりすごく嬉しいし、安心感にもつながる。それをいくつも経験できれば、「自分はバカだ」という状態から「けっこうできるじゃん」という状態に変われるんですね。

社会に出ても同じこと

社会に出て仕事についても、自分はこうやって積み重ねていけばあるレベルに到達できるんだっていうふうな経験がある人とない人とではぜんぜんちがいます。

仕事の種類や周囲の環境によってパターンは変わってくるのだけれど、やっぱりそういう成功体験を身体で知っていると、その積み重ねが自然と仕事ぶりにあらわれる。そうすると、あの人はできるという評価を得やすい。逆にそうした体験がまったくないと、「あいつバカだ」というレッテルを貼られやすくなってしまいます。

仕事についていえば、そこで問題になるのは、つまらない仕事が来たときにどうするかということです。

先日、こんなことがありました。うちの妻がちょっとしたスモールビジネスのホームページを作りたいということで、ある人に依頼したんです。でも期日が来てもいっこうに完成しないんですね。それで仕方なくべつのところに頼んだら、デザインがちゃんとしていないとかで、またもやうまくいかない。

ぼくは、なんでこんなことになってるんだろうと、傍《はた》から見ていたのですが、理由は明白。ホームページを作っている人が仕事を楽しんでないからです。「ホームページを作る仕事なんてくだらない（ほんとはゲームのプログラミングをしたかったのに）」というようなスタンスで仕事をしている。だから顧客が満足するような成果が出てこないんですよ。その仕事に誇りをもっているかどうか、それが出てしまうんです。これはある意味で、バカですね。

しかも、顧客と気持ちがすれちがい、場合によってはクレームを受けたりしていたら、周囲の評価も「あいつはできない」というかたちになってしまうんですよ。そうではなくて、まず今ここにある仕事をきちっとやる。そうすると周囲の評価が上がる。「あいつはちゃんと仕事ができる」と。これは一種の「アタマがいいね」という評価ですよ。

そういう評価を得たうえでなら、自分がやりたい仕事をやるために、転属の希望を出したり、転職に乗り出したりしても、周囲が受け入れてくれるんですね。小さな仕事、つまらない仕事、それをいいかげんにやっていると周囲の信頼は得られない。

先ほどのホームページ作りの人も、忙しいかもしれないし報酬は安いかもしれないが、仕事をきっちりやって顧客から感謝されれば、自分がやりたいことのほうに動けるわけです。

バカはこだわりが足りない

仕事がダメな人っていうのは、ちょっとしたところの「こだわり」が足りないことがよくあります。

たとえば、ゲームを例にとると、ここをもうちょっと変えてくれるとこのゲームはすごくやりやすくなるのに、そこの操作性が悪いせいですごくフラストレーションがたまるとか、そういったことがありますよね。ネットによくその手の書き込みがありますが。

それはたぶん、そのゲームに関わっている大勢の人のなかで、インターフェイスを担当している人のこだわりがどこか足りないんだと思うのです。「もういいや、これでいっちゃえ」みたいな感じだったのではないかと。そうしたことがゲーム全体をダメにしちゃっているわけです。

本作りだってそうです。まず著者がちゃんとこだわりをもって書く。編集者がきちっと編集する。デザイナーがふさわしい格好に仕上げてくれる。そしてそのあとに営業の人が頑張って売ろうと思ってくれる。すべてがうまくいかないと、いまや本って売れないじゃないですか。

仕事ってすべてそうだなと思うんですよね。たくさんの人が関わっているんだけど、ひとりでもこだわりが足りない人がいると全体がダメになっちゃうことがある。

いっぽう、うまくいく仕事はそこに参加している全員が自分の持ち場でこだわりをもってきちっと仕事をしている。各人が自分の仕事に誇りをもって、これをやると全体が活性化するんだ、全体の役に立つから自分はこれをやっているんだっていう意識をもっている。

そういう意味では、ノーベル賞を受賞した山中伸弥教授の研究チームはまさにそうです。奈良先端科学技術大学院大学で初めて自分の研究室を開いたとき、工学部出身の高橋和利さんが参加してチーム山中が始まった。京都大学に移って環境が変わりますが、その間もずっとマウスを育てたり細胞を培養《ばいよう》したりといった、研究を支えるこまごまとした仕事をしていた人たちがいる。

その人たちが自分の役割をきちんと果たさなかったら、持ち場でこだわりをもって取り組まなかったら、iPS細胞はできない。研究課題を決め、計画を決める山中教授だけではできないんです。その下に集まった人がみんな腐《くさ》らずに一丸となって仕事を遂行した結果、ノーベル賞がやってきたわけです。山中教授はきっと、チーム山中に出た賞だというふうに感じてるはずですよ。

「ああでもないこうでもない」で人生を楽しくする

仕事ができる人は何がちがうのか。

ぼくもいろいろな人を見てきましたが、できる人は、「つまらない」という状態に陥らないですね。どんな仕事にもそれなりのおもしろさというのを見出す。そういうふうに見える角度を探し出すんです。

ダメな人は逆ですね。その仕事のネガティブな面ばっかりに注目するんですよ。しかもその一方向からしかものを見ることができない。さっきのホームページの例でいったら、「ホームページ作るのに特別な技術なんて必要ないじゃん」とか、

「3万円しかもらえないじゃん」とか、非常にネガティブなつっこみを入れてしまう。そうではなくて、「自分がこれを作ることによってこの人のビジネスが始まるんだ」みたいに考える。

世の中に面白い仕事とつまらない仕事があるのではなくて、その分かれ目は常に自分のなかにあるんです。その人のものの見方、主観なんですね。

できる人は、ひとつの物事をああでもないこうでもないと、いろんな角度から眺めてみて、おもしろい面、ポジティブな面を発見することができる。それができれば打ち込めるじゃないですか。長続きするし、頑張れるわけですよ。こだわりをもってちゃんと仕上げられる。その人はそれをちゃんとやることによって次のステップに進める。このことが人生にとって大きいと思います。

これができるのが、まさにアタマのよさですね。この本でもあちこちに思考実験、アタマの体操を仕掛けていますが、それもこうした「ああでもないこうでもない」の練習なんです。

おわりに

人生は「バカにされない」、そして「バカにならない」ように頑張る、戦いの場です。

ぼくは若いころ、何度も「自分はバカかもしれない」と悩んだことがあります。今から考えると、それは主に、環境が変わって、周囲が「おまえはバカだ」と決めつけてきたのが原因でした。

転校や新しい分野への挑戦により、まわりの人々より遅れた状態から出発しなくてはいけない。そんな状況は誰にでも訪れます。そこでポイントになるのが、「バカをこじらせない」こと。いったんこじらせてしまうと、なかなか元に戻ることができないから。

この本では、ぼくの体験や歴史上のいろんな人の体験を通じて、どうしたらバカをこじらせないで、可能性の大空へとはばたくことができるかについて考えてみました。

自分がバカという名の罠《わな》にはまりかけていると感じたら、ひとりで悩まずに、身近な人に相談するといい。ツイッターでぼくに話しかけてくれてもいい。とにかく、バカから抜け出す決意が大切なんです。

本書の企画から出版まで、河出書房新社の藤﨑寛之さんにお世話になりました。ここに記して感謝の意を表したいと思います。

ぼくの人生のさまざまな局面で、ぼくがバカに陥らないよう手をさしのべ、助けてくれた人たちに「ありがとう」とお礼をいいたい。みんな、誰かに支えられて生きている。

読者のみなさま、最後まで読んでくださって、ありがとうございました。また、どこかでお目にかかりましょう！

平成25年1月25日　竹内薫

文庫版へのあとがき

この本のテーマは単純明快です。

競争社会は、他人をバカにするような仕組みになっていて、その罠には誰でもはまりうる。でも、その仕組みを知ってさえいれば、バカにされる前に避けることができる。あるいは、すでにバカにされてしまっていても、その状態から脱出することができる。あきらめる必要なんかない！

実際に、2度にわたって「学年ビリ」という状況に陥った自分の経験を知ってもらうことで、バカにされて悩んでいる多くの人に生きる勇気を与えたい。それがこの本を書いた最大の理由なのです。

単行本が出版されて以来、たくさんの学校や企業や自治体から講演会に呼んでいただきました。講演会の題名こそ、「なぜ学ぶのか?」、「生涯学習のススメ」、「思い込みにとらわれない勉強法」などと、バラエティーに富んでいますが、基本的には「同僚や上司、同級生や先生からバカにされて困ったとき、どうすればいいのか」について語ってきました。

あるとき、講演会の終了後、保護者の方が涙ぐんでいたので、どうしたのかなと不思議に思ったのですが、私が講演会で強調していた「学年ビリからでも、正しい勉強法で頑張れば、成績は上がる」、「あきらめたら終わり」、「ピラミッド型の社会に翻弄されず、複数の目標を持って頑張れば人生に光が射す」といった内容に感動した、とのことで、とても嬉しかった憶えがあります。

あるいは、企業向けの講演会で、「おかげで社内の人間関係において自信がつきました」と、握手を求められたこともあります。私の体験談や勉強法は、生徒さんや保護者のみなさんだけでなく、社会人の方にも役立ててもらえることがわかりました(実は、この文庫化により、さらに多くの、悩みを抱える社会人のみなさんに、私の声が届けばいいなと、考えています)。

頭を柔らかくして、効率のよい勉強法を身につければ、他人をバカにしようとする競争社会においても、生き残ることができます。受験戦争や会社の人間関係とも正面から向き合って、人生の道が拓けてきます。

学校での講演会では、次のような質問が飛び出しました。「ウチの息子は理系で、『国語なんか嫌いだし勉強しなくてもいい』と言って困ります。なんとかならないでしょうか」(→国語は全ての基本なので、優良な科学書を読む習慣をつけるべし!)、「娘は英語が苦手なのですが、何かいい方法はないでしょうか」(→ネイティブの発音と自分の発音を録音して比べよう!)、エトセトラ、エトセトラ。みなさん、勉強と受験には悩んでいるのだなと、考えさせられました。

企業や自治体での講演会では、主に理系の発想法に関する質問が出ました。「理系思考を身につけるにはどうすればいい?」(→まずは数学と論理学を勉強しよう!)、「数学が苦手なのだが、いまからでも勉強すべきだろうか?」(→絶対に必要。試験はないので楽しみながら始めよう!)、エトセトラ、エトセトラ。

さて、最後にひとつ、思考実験をしてみてください。

これまでの人生で「苦手」と敬遠してきたけれど、本当は必要だと感じていることがありますか？　もしあるのなら、苦手のままの10年後と、一念発起して苦手を克服した10年後のあなたの姿を想像してみてください。

いかがでしょう？　自分の未来を想像することは、目標設定のための第一歩です。苦手を克服したあなたの未来は輝いていませんか？　いや、確実に輝いているはず！　でも、そのためには、効率のいい勉強法を採る必要があります。これまでの苦手意識は、勉強法がまちがっていた（＝非効率だった）からにちがいありません。

誰でも「無限の可能性」を秘めています。いまからでも決して遅くはありません。周囲から貼られたレッテルなどビリッと剝《は》がして、夢を追ってみてください。この本を読んでくださったみなさんには、必ずや、別の人生の道が拓けることでしょう。幸運を祈ります！

平成27年春　裏横浜にて

竹内薫

新装版へのあとがき

この本を上梓してから10年以上の歳月が過ぎました。2歳半だった娘は13歳となり、私が経営するバイリンガルスクールを卒業し、カナダのバンクーバーにある公立セカンダリースクール（=中高一貫校）で勉強しています。

この新装版へのあとがきでは、初版から10年経って、改めて私が読者に伝えたいと思ったことを書いてみます。

教育バカの話

この10年間、いろいろなことがありました。まず、娘を通わせたい小学校が見つからなかったため、自分でフリースクールを立ち上げました（YES International School）。娘が通っていた横浜校は、授業の半分を英語、残り半分を日本語で行うインターナショナルスクール。そして、もう一つの東京校は、不登校児童の居場所であり、インクルーシブ教育を実践し、才能が特化した、いわゆるギフテッドのための自由な教育の場です。

私は教育に関してはズブの素人で、最初は完全にバカでした。でも、たくさんの小さな失敗を通じて、私はバカをこじらせることなく、教育内容の異なる2つの「学校」を創り、軌道に乗せることができました。

何もないところから、コンセプトを決め、出資を募り、教室を借りて、先生を募集して、自分でも教壇に立ち、そして学校を経営する。それは、すでにある学校に就職するのとは少々訳が違います。既存の教育システムを学んで慣れるのではなく、正真正銘、ゼロから子どもたちの未来を創ることになったのです。

もちろん、一人では何もできやしません。一緒にスクールを創ってくれた妻、出資してくれた友人、先輩、そして、寄付をしてくれた方々（特に株式会社ドワンゴの創業者の川上量生さん）には感謝の言葉しかありません。

この本は教育書ではないので、個々の事例については書きませんが、とにかくたくさんの貴重な経験をしました。そして気がついたら、日本の既存の教育システムが抱える問題の多くが、まるで部品が擦り切れて不具合が出ている機械のように見えてきたのです。

保護者の数%は、なんらかのパーソナリティ障害に悩んでいて、それゆえ、学校と大きなトラブルを起こしてしまいます。逆に、先生の中には、創造的な探究学習の授業ができず、旧態依然とした教科書とテストに頼る暗記型教育しかできない人もいます。友人の精神科医と顧問弁護士とともに、さまざまなトラブルに対処していくうちに、私は、既存の教育システムの中で疲れ果てて休職に追い込まれる先生たちや、いじめが野放しになってしまい、学校に行かれなくなる生徒たちの悩みの根源を肌感覚で理解しました。

私は、海外の先進的な教育も勉強し、視察しました。病的なまでに過熱してしまった日本の中学受験も、世界の先進各国の教育改革を目の当たりにすると、なんてバカなことをしているんだろうと、ため息が出ます。他の国々では、ＡＩに仕事を奪われないために教育改革が断行されています。

失われた30年を失われた半世紀にしないために、日本は、今こそ、次の世代の教育を変えるべきです。AIに使われるのではなく、AIを使う側に回る、あるいは、AIができない創造的な仕事ができるようになる教育に舵《かじ》を切るべきなのです。

カポエイラバカの話

私は8年前からブラジリアン格闘技のカポエイラを始めました。踊りのような格闘技とでもいえばいいでしょうか。最初のうち、あまりに身体が固く、両足を開いて前屈をしようとしても、顎《あご》が床につくどころか、ほとんど前に身体を倒すことができませんでした。それから、側転（アウーと呼びます）もできませんでしたし、当然のことながら、前方への側転もできません。カポエイラの華であるアクロバット技が一つもできなかったのです。これはもう、完全なカポエイラバカですね。

でも、毎週1、2回の練習に欠かさず出て、毎日、柔軟運動を続けるうちに、私のバカは徐々に解消され、いくつかのアクロバットには自信が持てるようになってきました。あと2年頑張れば、もしかしたら、インストラクターの資格さえもらえるかもしれません。

この本では、主に頭の良さの対義語であるバカについて書いてきましたが、カポエイラに限らず、身体のしなやかな動きも、当然のことながら脳と関係しています。頭で考えて、何度も何度も練習して初めて、アクロバットが完成します。その意味で、私は8年かけて、カポエイラバカから脱しつつあるのかもしれません。

AIバカにならないために

2022年の暮れに登場し、あっという間に世界を席巻した生成AI（ChatGPT以外にもたくさんの種類があります）。すでにあらゆる業種で使われ始めていますね。私はもともと30代にコンピュータプログラマーとして生計を立てていましたし、新しいテクノロジーにも目がないので、早速、使い倒してみましたが、

「ああ、生成AIは諸刃《もろは》の剣だな」と感じました。

つまり、頭の良い使い方をすれば、生成AIは鬼に金棒ですが、バカな使い方をすれば、奈落《ならく》の底に真っ逆さま。これは、くっきりと明暗がつく代物《しろもの》なのです。あたとえば、仕事の効率化のために職場に生成AIを導入したとしましょう。あるいは学校の授業のレポート作成でもかまいません。企画書や課題のテーマを生成AIのプロンプト（＝指示文）として入力すれば、あっという間に模範的な答えを出してくれるでしょう。しかし、その答えをそのまま使うのは愚《ぐ》の骨頂《こっちょう》なのです。いったいなぜでしょうか。

それを知るには、生成AIの基本的な仕組みを理解する必要があります。生成AIは、人間の脳が学習する仕組みを真似たものなのですが、「大規模言語モデル」を使っています。これは、子どもがやる連想ゲームみたいなものです。「黄色い」という言葉の次にどのような単語が来るのが最適か。それは「バナナ」かもしれませんし、「クレヨン」かもしれません。シチュエーションや文脈に応じて、ある単語の次にどのような単語が来る確率が高いのかを生成AIは知っているのです。単語だけでなく、ある内容の文の次にどのような文が来るのかも知っています。なぜなら、生成ＡＩは、インターネットの膨大な言語空間で学習しているからです。

となると、企画書やレポートを書く際に生成ＡＩのお世話になったとき、どのような問題が生じるかが推測できます。生成ＡＩは、自分で考えて答えを出しているのではなく、インターネット上にある言葉の「つながり」をべらぼうにたくさん覚えていて、高速の連想ゲームをしているだけなのです。ですから、生成ＡＩが出してきた企画書やレポートの答えは、もしかしたら、インターネット上の誰かの企画書やレポートに酷似しているかもしれません。そう、コピペになってしまっている可能性があるのです。

つまり、自分の仕事や宿題を「そのまま」生成ＡＩに丸投げするのは、生成ＡＩのバカな使い方ということになります。

では、どうすればいいのでしょうか？　いくつかの方法がありますが、たとえば「盗用チェッカー」と呼ばれるソフトを使って、生成ＡＩが出してきた答えのどれくらいがコピペなのかを調べればいいのです。あるいは、自らインターネットで検索をして、生成ＡＩの答えの裏取りをした上で、自分なりの表現に直せばいいのです。

最初のアイディアを出してもらうところは、生成ＡＩに任せて効率化を図りつつ、別のツールを使って工夫すれば、生成ＡＩは、あなたの仕事や勉強の良き相棒となることでしょう。生成ＡＩは万能ではありません。有能な相棒と雑談でもしているような気分で使いこなせばいいのです。

還暦を過ぎても、私はいろいろなことに挑戦し続けていますが、最近、若い人の発言や提案に前よりも耳を傾けるようになりました。年を取るに従い、バカをこじらせないために、聞く耳を持つことが大切だと考えるようになってきたのです。それでも、最後の最後は、自分で決めることにしていますけどね。

令和６年１月25日　いつものように猫の世話をしながら

竹内薫

本書は２０１３年３月に小社より刊行された
『自分はバカかもしれないと思ったときに読む本』
（「14歳の世渡り術」シリーズ）を文庫化したものです。
新装版刊行にあたり、あとがきを追加しました。

自分《じぶん》はバカかもしれないと思《おも》ったときに読《よ》む本《ほん》

二〇一五年 五 月二〇日 初版発行
二〇二四年 三 月一〇日 新装版初版印刷
二〇二四年 三 月二〇日 新装版初版発行

著　者　竹内薫《たけうちかおる》
発行者　小野寺優
発行所　株式会社河出書房新社
〒一五一‐〇〇五一
東京都渋谷区千駄ヶ谷二‐三二‐二
電話〇三‐三四〇四‐八六一一（編集）
〇三‐三四〇四‐一二〇一（営業）
https://www.kawade.co.jp/

ロゴ・表紙デザイン　粟津潔
本文フォーマット　佐々木暁
本文組版　KAWADE DTP WORKS
印刷・製本　中央精版印刷株式会社

Printed in Japan ISBN978-4-309-42092-9

哲学のモノサシ

西研　41995-4

人間はモノサシである。ものごとや他人やじぶんに対していろんなモノサシをあてている——。哲学すること、考えることをとことん根っこから問う入門書中の入門書。哲学イラストも楽しい。

リセット発想術

小山薫堂　41904-6

ともすれば平凡でつまらない毎日をちょっとでも面白くする方法とは？　日常の「あたり前」をリセットすると、今まで気づかなかった新しい価値が見えてくる！　常識にとらわれない発想の原点。

はじめての聖書

橋爪大三郎　41531-4

羊、クリスマス、十字架、ノア、モーセ、イエス、罪、愛、最後の審判……聖書の重要ポイントをきわめて平易に説き直す。世界標準の基礎知識への道案内。ほんものの聖書を読むための「予告編」。

戦後史入門

成田龍一　41382-2

「戦後」を学ぶには、まずこの一冊から！　占領、55年体制、高度経済成長、バブル、沖縄や在日コリアンから見た戦後、そして今——これだけは知っておきたい重要ポイントがわかる新しい歴史入門。

悩まない　禅の作法

枡野俊明　41655-7

頭の雑音が、ぴたりと止む。ブレない心をつくる三十八の禅の習慣。悩みに振り回されず、幸せに生きるための禅の智慧を紹介。誰でもできる坐禅の組み方、役立つケーススタディも収録。

怒らない　禅の作法

枡野俊明　41445-4

イライラする、許せない…。その怒りを手放せば、あなたは変わり始めます。ベストセラー連発の禅僧が、幸せに生きるためのシンプルな習慣を教えます。今すぐ使えるケーススタディ収録！

結果を出せる人になる!「すぐやる脳」のつくり方

茂木健一郎　41708-0

一瞬で最良の決断をし、トップスピードで行動に移すには“すぐやる脳”が必要だ。「課題変換」「脳内ダイエット」など31のポイントで、“ぐずぐず脳”が劇的に変わる！　ベストセラーがついに文庫化！

直感力を高める　数学脳のつくりかた

バーバラ・オークリー　沼尻由起子〔訳〕　46719-1

脳はすごい能力を秘めている！「長時間学習は逆効果」「視覚化して覚える」「運動と睡眠を活用する」等々、苦手な数学を克服した工学教授が科学的に明らかにする、最も簡単で効果的かつ楽しい学習法！

折れない心を育てる仏教語

枡野俊明　41884-1

人生を変えるヒントは、目の前にある。大丈夫、有り難い、自由、覚悟、どっこいしょ…。毎日の暮らしに溶け込んだ意外な仏教由来の言葉を、生きる支えとなる禅僧の教えとともに80語紹介。

生き抜くための整体

片山洋次郎　41728-8

日常の癖やしぐさを見直し、身体と心をゆるめるための一冊。日々のストレスを自分でほぐす16のメソッドも掲載。深い呼吸をもたらし、生きることが心地よくなる。一生使える、身体感覚の磨き方。

生きるための哲学

岡田尊司　41488-1

生きづらさを抱えるすべての人へ贈る、心の処方箋。学問としての哲学ではなく、現実の苦難を生き抜くための哲学を、著者自身の豊富な臨床経験を通して描き出した名著を文庫化。

夫婦という病

岡田尊司　41594-9

長年「家族」を見つめてきた精神科医が最前線の治療現場から贈る、結婚を人生の墓場にしないための傷んだ愛の処方箋。衝撃のベストセラー『母という病』著者渾身の書き下ろし話題作をついに文庫化。

アーティスト症候群　アートと職人、クリエイターと芸能人

大野左紀子　41094-4

なぜ人はアーティストを目指すのか。なぜ誇らしげに名乗るのか。美術、芸能、美容……様々な業界で増殖する「アーティスト」への違和感を探る。自己実現とプロの差とは？　最新事情を増補。

考える身体

三浦雅士　41817-9

人類の歴史に「身体」を位置づけながら、「身体」と精神、言葉、思考、そして映画や音楽、演劇、舞踊といった諸芸術との関係をスリリングに描き出した身体論。書下ろし「舞踊の地平線」収録。

読者はどこにいるのか

石原千秋　41829-2

文章が読まれているとき、そこでは何が起こっているのか。「内面の共同体」というオリジナルの視点も導入しながら、読む／書くという営為の奥深く豊潤な世界へと読者をいざなう。

内臓とこころ

三木成夫　41205-4

「こころ」とは、内蔵された宇宙のリズムである……子供の発育過程から、人間に「こころ」が形成されるまでを解明した解剖学者の伝説的名著。育児・教育・医療の意味を根源から問い直す。

生命とリズム

三木成夫　41262-7

「イッキ飲み」や「朝寝坊」への宇宙レベルのアプローチから「生命形態学」の原点、感動的な講演まで、エッセイ、論文、講演を収録。「三木生命学」のエッセンス最後の書。

本当の自分とつながる瞑想

山下良道　41747-9

心に次々と湧く怒り、悲しみ、不安…。その苦しみから自由になり、「本当の自分」と出会うための瞑想。過去や未来へ飛び回るネガティブな思考を手放し、「今」を生きるための方法。宮崎哲弥氏・推薦。